국가직 세무직 시험대비

2024

남정선·이종하 세법·회계
다 맞춘다
전공강화 동형모의고사

도서출판 더나은

CONTENTS 차례　　　　　　　　　　　　　　　　　　　　문제편

1회 모의고사 － (1) 회계학 1회 모의고사 문제　　　　　　　　6
　　　　　　　 (2) 세법 1회 모의고사 문제　　　　　　　　　11

2회 모의고사 － (1) 회계학 2회 모의고사 문제　　　　　　　　16
　　　　　　　 (2) 세법 2회 모의고사 문제　　　　　　　　　21

3회 모의고사 － (1) 회계학 3회 모의고사 문제　　　　　　　　26
　　　　　　　 (2) 세법 3회 모의고사 문제　　　　　　　　　30

4회 모의고사 － (1) 회계학 4회 모의고사 문제　　　　　　　　36
　　　　　　　 (2) 세법 4회 모의고사 문제　　　　　　　　　41

5회 모의고사 － (1) 회계학 5회 모의고사 문제　　　　　　　　46
　　　　　　　 (2) 세법 5회 모의고사 문제　　　　　　　　　51

6회 모의고사 － (1) 회계학 6회 모의고사 문제　　　　　　　　56
　　　　　　　 (2) 세법 6회 모의고사 문제　　　　　　　　　61

CONTENTS 차례

정답 및 해설

1회 모의고사 - (1) 회계학 1회 모의고사 해설   70
               (2) 세법 1회 모의고사 해설   74

2회 모의고사 - (1) 회계학 2회 모의고사 해설   79
               (2) 세법 2회 모의고사 해설   82

3회 모의고사 - (1) 회계학 3회 모의고사 해설   87
               (2) 세법 3회 모의고사 해설   90

4회 모의고사 - (1) 회계학 4회 모의고사 해설   95
               (2) 세법 4회 모의고사 해설   98

5회 모의고사 - (1) 회계학 5회 모의고사 해설   102
               (2) 세법 5회 모의고사 해설   105

6회 모의고사 - (1) 회계학 6회 모의고사 해설   109
               (2) 세법 6회 모의고사 해설   114

2024
남정선 X 이종하
전공강화 동형 모의고사
megagong.net

문제편

회계학 전공강화 동형 모의고사 1회

01
재무상태표에 대한 설명으로 옳은 것은?

① 기업이 재무상태표에 유동자산과 비유동자산, 그리고 유동부채와 비유동부채로 구분하여 표시하는 경우, 이연법인세자산(부채)은 유동자산(부채)으로 분류한다.
② 유동성 순서에 따른 표시방법이 신뢰성 있고 더욱 목적적합한 정보를 제공하는 경우에도 유동자산과 비유동자산, 유동부채와 비유동부채로 재무상태표에 구분하여 표시한다.
③ 유동자산은 보고기간 후 12개월 이내에 실현될 것으로 예상되지 않는 경우에도 재고자산과 매출채권과 같이 정상영업주기의 일부로서 판매, 소비 또는 실현되는 자산을 포함한다.
④ 기업이 보고기간말 현재 기존의 대출계약조건에 따라 보고기간 후 적어도 12개월 이상 부채를 연장할 권리가 있더라도, 보고기간 후 12개월 이내에 만기가 도래한다면 유동부채로 분류한다.

02
㈜은주의 20×1년 말 재무상태표의 현금 및 현금성자산은 ₩19,000이다. 다음 자료를 이용할 때 20×1년 말 ㈜은주의 외국환통화($)는? (단, 20×1년 말 기준환율은 $1 = ₩1,100 이다.)

• 지점전도금	₩500
• 우편환	₩3,000
• 당좌예금	₩400
• 선일자수표	₩1,000
• 만기가 도래한 국채 이자표	₩500
• 외국환통화	(?)
• 배당금지급통지표	₩7,500
• 차용증서	₩1,000
• 양도성예금증서(취득 : 20×1년 12월 1일, 만기 : 20×2년 1월 31일)	₩500

① $5
② $6
③ $7
④ $8

03
㈜석원은 변동원가계산을 사용하여 ₩100,000의 순이익을 보고하였다. 기말 및 기초 재고자산은 각각 15,000단위와 19,000단위이다. 매 기간 고정제조간접비배부율이 단위당 ₩2였다면 전부원가계산에 의한 순이익은? (단, 법인세는 무시한다)

① ₩88,000
② ₩92,000
③ ₩43,000
④ ₩112,000

04
12월 결산법인 ㈜원준은 20X1년 2월 20일 ㈜혜미의 주식 100주를 취득하고 당기손익-공정가치 측정 범주로 분류하였다. 20X1년 12월 31일 ㈜혜미의 1주당 공정가치는 ₩1,200이다. 20X2년 3월 1일 ㈜혜미는 무상증자 20%를 실시하였으며, ㈜원준은 무상신주 20주를 수령하였다. 20X2년 7월 1일 ㈜혜미주식 60주를 ₩71,000에 처분하고 거래원가 ₩2,000을 차감한 금액을 수령하였을 경우 동 거래가 20X2년 ㈜원준의 법인세차감전순이익에 미치는 영향은?

① ₩11,000 증가
② ₩10,000 증가
③ ₩9,000 증가
④ ₩8,000 증가

05

<보기>는 ㈜상아의 재무비율과 관련된 자료이다. 재무비율에 대한 설명으로 가장 옳지 않은 것은?

<보기>
- 재무상태표 항목
  (1) 평균 총자산: ₩40,000 (2) 평균 자기자본: ₩10,000
- 포괄손익계산서 항목
  (1) 매출액: ₩20,000 (2) 당기순이익: ₩2,000
- 자기자본이익률은 매출액순이익률, 총자산회전율, 레버리지비율의 곱으로 계산된다.

① 레버리지비율은 4배이다.
② 매출액순이익률은 10%이다.
③ 총자산회전율은 2회이다.
④ 자기자본이익률은 20%이다.

06

다음 자료에 의한 ㈜만재의 당기제품제조원가는?

• 직접재료 구입액	₩6,000
• 직접노무원가	₩3,000
• 감가상각비(공장설비)	₩5,000
• 감가상각비(영업용화물차)	₩4,000
• 공장감독자 급여	₩1,000
• 기타 제조간접원가	₩2,000

	기초재고액	기말재고액
직접재료	₩3,000	₩1,000
재공품	₩10,000	₩11,000

① ₩21,000
② ₩20,000
③ ₩19,000
④ ₩18,000

07

㈜종현은 사용 중인 기계장치 A(장부금액 ₩230,000, 공정가치 ₩180,000)를 ㈜지은의 사용 중인 기계장치 B(장부금액 ₩350,000, 공정가치 ₩250,000)와 교환하였으며 공정가치 차액에 대하여 현금 ₩70,000을 지급하였다. 해당 교환거래가 상업적 실질이 존재하는 경우, ㈜종현과 ㈜지은이 각각 인식할 유형자산처분손실은?

	㈜종현	㈜지은
①	₩50,000	₩100,000
②	₩50,000	₩150,000
③	₩70,000	₩100,000
④	₩70,000	₩70,000

08

㈜승현은 20X1년 7월 1일 기계장치를 ₩120,000에 취득(내용연수 4년, 잔존가치 ₩20,000, 연수합계법 상각)하면서 정부로부터 자산관련보조금 ₩40,000을 수령하였다. ㈜승현이 수령한 보조금을 재무상태표 대변에 계상하는 방법으로 표시한다면 20X1년 말 재무상태표에 표시될 기계장치의 장부금액은? (단, 기계장치는 원가법을 적용하고, 손상차손은 없으며, 감가상각비는 월할 계산한다.)

① ₩68,000
② ₩88,000
③ ₩90,000
④ ₩100,000

09

㈜주연은 20×1년 12월 초 위탁판매를 위해 ㈜시은에게 단위당 원가 ₩900인 상품 500개를 적송하면서 운임 ₩30,000을 현금 지급하였다. 20×2년 1월 초 위탁판매와 관련하여 ㈜주연은 ㈜시은에서 다음과 같은 판매현황을 보고받았다.

매출액	300개 × @₩1,200 = ₩360,000
판매수수료	₩18,000
운임 및 보관료	₩12,000 (₩30,000)
㈜주연에게 송금한 금액	₩330,000

㈜주연이 위탁판매와 관련하여 20×1년 재무제표에 인식할 매출총이익과 적송품 금액은? (단, ㈜주연은 계속기록법을 채택하고 있다)

	매출총이익	적송품 금액
①	₩72,000	₩192,000
②	₩72,000	₩196,000
③	₩90,000	₩120,000
④	₩90,000	₩126,000

10

㈜세현은 종합원가계산을 사용하고 있으며, 가중평균법을 적용하여 완성품환산량을 계산하고 있다. 회사의 기초제품 수량은 25,000개, 당기 판매량은 20,000개, 기말제품 수량은 15,000개이다. 기초재공품 수량은 1,000개(완성도 50%), 기말재공품 수량이 5,000개(완성도 30%)일 때, 회사의 당기 가공원가에 대한 완성품 환산량은? (단, 가공원가는 공정 전반에 걸쳐 균등하게 발생한다)

① 11,500개   ② 12,500개
③ 13,500개   ④ 15,000개

11

㈜용구의 보조부문인 수선부와 전력부에서 발생한 원가는 각각 ₩20,000과 ₩12,000이며, 수선부 원가에 이어 전력부 원가를 배부하는 단계 배부법으로 제조부문인 A공정과 B공정에 배부한다. 보조부문이 제공한 용역이 다음과 같을 때, 보조부문의 원가 ₩32,000 중에서 A공정에 배부되는 금액은?

사용 제공	수선부	전력부	A공정	B공정	합계
수선부	-	4,000	4,000	2,000	10,000시간
전력부	8,000	-	4,000	4,000	16,000kWh

① ₩12,000   ② ₩14,000
③ ₩16,000   ④ ₩18,000

12

정상개별원가계산을 적용하는 ㈜아영은 제조간접원가를 예정배부하며, 예정배부율은 직접노무원가의 50%이다. 제조간접원가의 배부차이는 매기말 매출원가에서 전액 조정한다. 당기에 실제 발생한 직접재료원가는 ₩24,000이며, 직접노무원가는 ₩16,000 이다. 기초재공품은 ₩5,600이며, 기말재공품에는 직접재료원가 ₩1,200과 제조간접원가 배부액 ₩1,500이 포함되어 있다. 또한 기초제품은 ₩4,700이며 기말제품은 ₩8,000이다. 제조간접원가 배부차이를 조정한 매출원가가 ₩46,600이라면 당기에 발생한 실제 제조간접원가는?

① ₩8,000   ② ₩10,000
③ ₩12,800   ④ ₩13,400

13

보통주 10,000주(액면금액 5,000)를 발행하여 2020년 기업을 시작한 ㈜재헌은 2023년 1월 1일 누적적, 비참가적 우선주 1,000주(액면금액 5,000, 액면금액의 8% 배당)를 발행하였다. ㈜재헌은 2023년과 2024년 손실로 인하여 배당을 하지 못하였으나 2025년 당기순이익을 기록하면서 보통주와 우선주에 대하여 총액 ₩2,500,000의 현금배당을 결의하였다. 우선주와 보통주에 대한 배당금액은?

	우선주	보통주
①	₩1,200,000	₩1,300,000
②	₩1,000,000	₩1,500,000
③	₩1,500,000	₩1,000,000
④	₩1,300,000	₩1,200,000

14

㈜지연의 당기 현금흐름표상 고객으로부터의 현금유입액은 ₩54,000이고 공급자에 대한 현금유출액은 ₩31,000이다. 포괄손익계산서상의 매출채권손상차손이 ₩500일 때, 다음 자료를 이용하여 매출원가를 계산하면? (단, 매출채권(순액)은 매출채권에서 손실충당금을 차감한 금액이다)

과목	기말	기초
매출채권(순액)	₩7,000	₩9,500
매입채무	4,000	6,000
재고자산	12,000	9,000

① ₩52,000 ② ₩21,000
③ ₩26,000 ④ ₩31,000

15

㈜대희의 다음 재무자료를 이용한 당기기타포괄이익 증가액은?

- 기초자산대비 기말자산 증가   ₩4,000
- 기초부채대비 기말부채 감소   ₩2,000
- 당기순이익   ₩3,000
- 유상증자   ₩2,000
- 현금배당   ₩1,000
- 기타포괄이익   ?

① ₩0   ② ₩1,000
③ ₩2,000   ④ ₩3,000

16

「지방자치단체 회계기준에 관한 규칙」에 대한 설명 중 가장 옳은 것은?

① 지방자치단체의 재무제표는 일반회계·기타특별회계 및 지방공기업특별회계의 유형별 재무제표를 통합하여 작성한다.
② 현금흐름표는 회계연도 동안의 현금자원의 변동에 관한 정보로서 자금의 원천과 사용결과를 표시하는 재무제표로서 영업활동, 투자활동 및 재무활동으로 구성된다.
③ 특정순자산은 일반유형자산, 주민편의시설, 사회기반시설 및 무형자산의 투자액에서 그 시설의 투자재원을 마련할 목적으로 조달한 장기차입금 및 지방채증권 등을 뺀 금액으로 한다.
④ 재정상태표의 순자산은 지방자치단체의 기능과 용도를 기준으로 고정순자산, 특정순자산, 일반순자산의 3가지로 분류한다.

17

다음은 ㈜창희의 상품에 대한 매입·매출의 수정 전 내역이다. 기초상품 ₩50,000, 기말상품 ₩80,000일 때, 상품매출에 대한 올바른 매출총이익은?

- 상품매입 ₩368,000, 매입운임 ₩15,000(판매관리비 계상)
- 상품매출 ₩1,000,000, 판매운임 ₩60,000(판매관리비 계상)
- 판매상품 하자로 인한 매출대금 할인금액 ₩50,000(영업외비용 계상)

① ₩597,000   ② ₩562,000
③ ₩547,000   ④ ₩522,000

18

다음은 ㈜장호의 재고자산 관련 자료로서 재고자산감모손실은 장부상 수량과 실지재고 수량과의 차이에 의해 발생한다. 기말상품의 실지재고 수량은?

- 기초상품재고액   ₩120,000
- 당기매입액   ₩900,000
- 장부상 기말상품재고액(단위당 원가 ₩2,000)   ₩200,000
- 재고자산감모손실   ₩40,000

① 20개   ② 30개
③ 70개   ④ 80개

19

다음은 국가회계기준이 제시하고 있는 일반원칙들에 대한 설명들이다. 잘못 설명하고 있는 것은?

① 재무제표를 통합하여 작성할 경우 내부거래는 상계하여 작성한다.
② 비교가능성(계속성)은 회계처리에 관한 기준 및 추정은 기간별 비교가 가능하도록 매기 계속하여 적용하고 정당한 사유 없이 이를 변경하여서는 아니 된다는 것이다.
③ 명료성의 원칙은 적정수준의 지식을 갖춘 정보이용자가 회계정보를 충분히 이해할 수 있을 정도로 재무제표의 양식, 과목 및 용어의 사용을 고려하여야 한다는 것을 말한다.
④ 충분성은 재정활동의 내용과 그 성과를 쉽게 파악할 수 있도록 국가회계가 충분한 정보를 제공하고, 중요한 회계방침, 회계처리기준, 과목 및 금액에 관하여는 그 내용을 재무제표상에 충분히 표시하여야 하며 특정 거래나 사건을 충실히 표현하기 위해 필요한 중요한 정보는 누락이 없음을 의미한다.

20

㈜유라는 재고자산평가방법으로 저가기준 선입선출 소매재고법을 사용하고 있다. 〈보기〉의 자료를 근거로 계산한 기말재고자산의 원가는?

항목	원가	판매가
기초재고자산	₩800	₩1,000
당기매입	₩3,400	₩6,400
매출액		₩5,000
순인상액		₩400
순인하액		₩200

① ₩1,800
② ₩2,100
③ ₩2,700
④ ₩1,300

세법 전공강화 동형 모의고사 1회

01
다음 중 부가가치세법령상 영세율과 면세에 관한 설명으로 옳지 않은 것은?

① 중계무역 방식의 거래로서 국내사업장에서 계약과 대가 수령 등 거래가 이루어지는 것은 영세율 적용 대상이고 국외사업장에서 계약과 대가 수령이 이루어지는 경우에는 영세율 적용 대상이 아니다.
② 국내에서 열리는 박람회, 전시회, 품평회, 영화제 또는 이와 유사한 행사에 출품하기 위하여 무상으로 수입하는 물품으로서 관세가 면제되는 재화의 수입은 면세 대상이다.
③ 예술창작품, 예술행사, 문화행사 또는 아마추어 운동경기로서 대통령령으로 정하는 것은 부가가치세 면세 대상이 아니다.
④ 실내 도서열람 용역의 공급은 면세 대상이다.

02
「국세기본법」의 서류 송달에 대한 설명으로 옳은 것은?

① 「국세기본법」 및 세법에 따른 서류 송달은 교부, 우편 또는 전자송달의 방법으로 한다.
② 연대납세의무자에게 서류를 송달할 때에는 국세를 징수하기에 유리한 자를 명의인으로 한다.
③ 납세자가 3회 연속하여 전자송달된 서류를 열람하지 아니하는 경우에는 대통령령으로 정하는 바에 따라 전자송달의 신청을 철회한 것으로 본다. 다만, 납세자가 전자송달된 납부고지서에 의한 세액을 그 납부기한까지 전액 납부한 경우에는 그러하지 아니하다.
④ 서류를 송달할 장소에서 서류를 송달받아야 할 자를 만나지 못하였을 때에는 그 사용인이나 그 밖의 종업원 또는 동거인으로서 사리를 판별할 수 있는 사람에게 서류를 송달할 수 있으며, 서류를 송달받아야 할 자 또는 그 사용인이나 그 밖의 종업원 또는 동거인으로서 사리를 판별할 수 있는 사람이 정당한 사유 없이 서류 수령을 거부할 때에는 서류의 주요 내용을 세무서의 게시판 등에 공고할 수 있다.

03
「국세기본법」의 세법 적용의 원칙에 대한 설명으로 옳지 않은 것은?

① 세법(세법 외의 법률 중 국세의 부과·징수·감면 또는 그 절차에 관하여 규정하고 있는 조항 포함)을 해석·적용할 때에는 과세의 형평(衡平)과 해당 조항의 합목적성에 비추어 납세자의 재산권이 부당하게 침해되지 아니하도록 하여야 한다.
② 국세를 납부할 의무(세법에 징수의무자가 따로 규정되어 있는 국세의 경우에는 이를 징수하여 납부할 의무)가 확정된 소득, 수익, 재산, 행위 또는 거래에 대해서는 그 확정 후의 새로운 세법에 따라 소급하여 과세하지 아니한다.
③ 세법의 해석이나 국세행정의 관행이 일반적으로 납세자에게 받아들여진 후에는 그 해석이나 관행에 의한 행위 또는 계산은 정당한 것으로 보며, 새로운 해석이나 관행에 의하여 소급하여 과세되지 아니한다.
④ 세무공무원이 재량으로 직무를 수행할 때에는 과세의 형평과 해당 세법의 목적에 비추어 일반적으로 적당하다고 인정되는 한계를 엄수하여야 한다.

04
「상속세및증여세법」의 상속세 및 증여세 납부의무에 대한 설명으로 옳지 않은 것은?

① 상속인(특별연고자 중 영리법인은 포함) 또는 수유자(영리법인은 포함)는 상속재산(상속재산에 가산하는 증여재산 중 상속인이나 수유자가 받은 증여재산을 포함) 중 각자가 받았거나 받을 재산을 기준으로 대통령령으로 정하는 비율에 따라 계산한 금액을 상속세로 납부할 의무가 있다.
② 특별연고자 또는 수유자가 영리법인인 경우로서 그 영리법인의 주주 또는 출자자 중 상속인과 그 직계비속이 있는 경우에는 대통령령으로 정하는 바에 따라 계산한 지분상당액을 그 상속인 및 직계비속이 납부할 의무가 있다.
③ 상속세는 상속인 또는 수유자 각자가 받았거나 받을 재산을 한도로 연대하여 납부할 의무를 진다.
④ 수증자가 거주자(본점이나 주된 사무소의 소재지가 국내에 있는 비영리법인을 포함)인 경우 증여세 과세대상이 되는 모든 증여재산에 대하여 수증자는 증여세를 납부할 의무가 있다.

05

「국세기본법」의 납세의무 성립시기에 대한 설명으로 옳지 않은 것은?

① 납세조합이 징수하는 소득세와 예정신고납부하는 소득세는 과세표준이 되는 금액이 발생한 달의 말일을 납세의무 성립시기로 한다.
② 증권거래세는 해당 매매거래가 확정되는 때를 성립시기로 한다.
③ 「국세기본법」제47조의2에 따른 무신고가산세 및 제47조의3에 따른 과소신고·초과환급신고가산세는 법정신고기한이 경과하는 때를 성립시기로 한다.
④ 원천징수 등 납부지연가산세 중 납부하지 아니한 세액 또는 과소납부분 세액의 100분의 3에 상당하는 금액의 납세의무 성립시기는 법정납부기한 경과 후 1일마다 그 날이 경과하는 때이다.

06

「법인세법」상 일반기부금에 해당하지 않는 것만을 고른 것은?

> ㉠ 사립학교에 시설비로 지출하는 기부금
> ㉡ 국립대학의 고유목적사업비로 지출하는 기부금
> ㉢ 산업교육진흥 및 산학연협력촉진에 관한 법률에 따른 산학협력단에 연구비로 지출하는 기부금
> ㉣ 천재지변으로 생기는 이재민을 위한 구호금품의 가액
> ㉤ 종교의 보급, 그 밖에 교화를 목적으로 「민법」제32조에 따라 문화체육관광부장관 또는 지방자치단체의 장의 허가를 받아 설립한 비영리법인(그 소속 단체를 포함)
> ㉥ 「초·중등교육법」에 의한 학교의 장이 추천하는 개인에게 교육비·연구비 또는 장학금으로 지출하는 기부금

① ㉠, ㉢, ㉣
② ㉠, ㉡, ㉤
③ ㉡, ㉤, ㉥
④ ㉣, ㉤, ㉥

07

법인세법령상 업무용승용차 관련비용의 손금불산입에 대한 설명으로 옳지 않은 것은? (단, 부동산임대업을 주된 사업으로 하는 등 법령으로 정하는 요건에 해당하는 내국법인은 아니며, 사업연도가 1년 미만이거나 사업연도 중 일부 기간 동안 보유하거나 임차한 경우에도 해당하지 않는다)

① 업무용승용차는 정액법을 상각방법으로 하고 내용연수를 5년으로 하여 계산한 금액을 감가상각비로 하여 손금에 산입하여야 한다.
② 내국법인이 업무용승용차를 취득하거나 임차함에 따라 해당 사업연도에 발생하는 감가상각비, 임차료, 유류비 등 업무용승용차 관련비용 중 업무사용금액에 해당하지 아니하는 금액은 해당 사업연도의 소득금액을 계산할 때 손금에 산입하지 아니한다.
③ 업무사용금액 중 업무용승용차별 감가상각비가 해당 사업연도에 800만 원을 초과하는 경우 그 초과하는 금액은 해당 사업연도의 손금에 산입하지 아니하고 이월하여 손금에 산입한다.
④ 업무용승용차를 처분하여 발생하는 손실로서 업무용승용차별로 400만 원을 초과하는 금액은 해당 사업연도에 손금에 산입하지 않고 기타사외유출로 소득처분한다.

08

「소득세법」상 비과세 소득으로 옳지 않은 것은?

① 식사 기타 음식물을 제공받는 근로자가 받는 월 20만 원 이하의 식사대
② 국민건강보험법, 고용보험법에 따라 사용자가 부담하는 보험료
③ 원양어업 선박 또는 국외 등을 항행하는 선박이나 항공기에서 근로를 제공하고 받는 보수 중 월 300만 원 이내의 금액
④ 경찰청장이 정하는 바에 따라 범죄 신고자가 받는 보상금

09

다음 중 「소득세법」상 종합소득공제에 대한 설명으로 옳은 내용은?

① 거주자의 배우자로서 해당 과세기간의 소득금액이 없거나 해당 과세기간의 소득금액 합계액이 100만 원 이하인 사람(총급여액 500만 원 이하의 근로소득만 있는 배우자를 포함)은 150만 원을 기본공제로 공제한다.
② 거주자의 공제대상 가족이 동시에 다른 거주자의 공제대상가족에 해당되는 경우에는 직전 과세기간에 부양가족으로 인적공제를 받은 거주자의 공제대상 부양가족으로 한다.
③ 소득세의 납세의무자 중 1거주자로 보는 법인 아닌 단체에 대하여는 인적공제 중 기본공제 150만 원 이외에는 적용하지 아니한다.
④ 기본공제 대상자 판단 시 장애인에 해당되는 경우에는 나이 및 소득금액의 제한을 받지 아니하고 기본공제 대상으로 한다.

10

「소득세법」상 사업소득이 발생하는 사업을 공동으로 경영하고 그 손익을 분배하는 공동사업에 관한 설명으로 옳지 않은 것은?

① 공동사업에 관한 소득금액을 계산할 때에는 당해 공동사업장별로 납세의무를 지는 것이 원칙이다.
② 공동사업장을 1거주자로 보아 공동사업장별로 그 소득금액을 계산한다.
③ 공동사업에서 발생한 소득금액은 해당 공동사업을 경영하는 공동사업자간에 약정된 손익분배비율에 의하여 분배되었거나 분배될 소득금액에 따라 각 공동사업자별로 분배한다.
④ 거주자 1인과 그와 법령이 정하는 특수관계에 있는 자가 공동사업자에 포함되어 있는 경우로서 조세를 회피하기 위하여 공동으로 사업을 경영하는 것이 확인되는 경우에는 당해 특수관계인의 소득금액은 주된 공동사업자의 소득금액으로 본다.

11

「소득세법」상 양도소득에 관한 설명으로 올바르지 않은 것은?

① 거주자가 양도일부터 소급하여 5년 이내에 그 배우자(양도 당시 혼인관계가 소멸된 경우를 포함하되, 사망으로 혼인관계가 소멸된 경우는 제외) 또는 직계존비속으로부터 증여받은 토지, 건물 등의 양도차익을 계산할 때 취득가액은 그 배우자 또는 직계존비속의 취득 당시의 금액으로 한다. 이 경우 거주자가 증여받은 자산에 대하여 납부하였거나 납부할 증여세 상당액이 있는 경우에는 필요경비에 산입한다.
② 양도소득금액 계산 시 양도차손은 양도차손이 발생한 자산과 같은 세율을 적용받는 자산의 양도소득금액에서 먼저 공제하고, 남은 금액은 양도차손이 발생한 자산과 다른 세율을 적용받는 자산의 양도소득금액에서 공제한다.
③ 양도소득이 있는 거주자에 대해서는 부동산, 주식, 파생상품, 신탁수익권의 각 소득별로 해당 과세기간의 양도소득금액에서 각각 연 250만 원을 공제한다.
④ 국외자산의 양도가액은 그 자산의 양도 당시의 실지거래가액으로 한다. 다만, 양도 당시의 실지거래가액을 확인할 수 없는 경우에는 양도자산이 소재하는 국가의 양도 당시 현황을 반영한 시가에 따르되, 시가를 산정하기 어려울 때에는 그 자산의 종류, 규모, 거래상황 등을 고려하여 대통령령으로 정하는 방법에 따른다.

12

「부가가치세법」에 관한 설명으로 옳지 않은 것은?

① 상호 변경을 사유로 사업자등록사항의 변경 신고를 받은 세무서장은 신청일부터 3일 이내에 변경 내용을 확인하고 사업자등록증의 기재사항을 정정하여 재발급하여야 한다.
② 사업자가 폐업하거나 사업개시일 전에 등록한 후 정당한 사유 없이 6개월 이상 사실상 사업을 개시하지 아니하게 되는 경우에 관할 세무서장은 지체 없이 그 등록을 말소하고, 등록증을 회수하여야 하며, 이를 회수할 수 없는 경우에는 등록말소의 사실을 공시하여야 한다.
③ 「채무자 회생 및 파산에 관한 법률」에 따른 법원의 회생계획인가 결정에 따라 채무를 출자전환하는 경우 「부가가치세법」상 대손세액공제를 적용받을 수 있다. 이 경우 대손되어 회수할 수 없는 금액은 출자전환하는 시점의 출자전환된 매출채권 장부가액과 출자전환으로 취득한 주식 또는 출자지분의 시가와의 차액으로 한다.
④ 자기의 사업과 관련하여 생산한 재화를 국가에 무상으로 공급하는 경우 당해 재화의 매입세액은 매출세액에서 공제한다.

13

다음 중 「부가가치세법」상 수입세금계산서에 대한 설명으로 올바르지 않은 것은?

① 세관장은 수입되는 재화에 대하여 부가가치세를 징수할 때(부가가치세의 납부가 유예되는 때를 포함)에는 수입된 재화에 대한 수입세금계산서를 대통령령으로 정하는 바에 따라 수입하는 자에게 발급하여야 한다.
② 수입하는 자가 세관공무원의 관세조사 등 대통령령으로 정하는 행위가 발생하여 과세표준 또는 세액이 결정 또는 경정될 것을 미리 알고 그 결정·경정 전에 「관세법」에 따라 수정신고하는 경우 세관장은 수정수입세금계산서를 발급하여야 한다.
③ 수입자가 과세표준 또는 세액을 신고하면서 관세조사 등을 통하여 이미 통지받은 오류를 다음 신고 시에도 반복하는 등 대통령령으로 정하는 중대한 잘못이 있는 경우에도 세관장은 수정수입세금계산서를 발급하여야 한다.
④ 「관세법」에 따라 세관장이 과세표준 또는 세액을 결정 또는 경정하기 전에 수입하는 자가 대통령령으로 정하는 바에 따라 수정신고 등을 하는 경우(고발, 통고처분 등을 받은 경우 등은 제외)에는 수입하는 자에게 대통령령으로 정하는 바에 따라 수정한 수입세금계산서를 발급하여야 한다.

14

「부가가치세법」상 공통매입세액에 관한 설명으로 옳지 않은 것은?

① 사업자가 과세사업과 면세사업등을 겸영하는 경우에 과세사업과 면세사업등에 관련된 매입세액의 계산은 실지귀속에 따라 하되, 실지귀속을 구분할 수 없는 매입세액은 총공급가액에 대한 면세공급가액의 비율 등 대통령령으로 정하는 기준을 적용하여 안분(按分)하여 계산한다.
② 감가상각자산에 대하여 공통매입세액의 안분계산에 따라 매입세액이 공제된 후 공통매입세액 안분기준에 따른 비율과 감가상각자산의 취득일이 속하는 과세기간(그 후의 과세기간에 재계산한 때는 그 재계산한 과세기간)에 적용되었던 공통매입세액 안분기준에 따른 비율이 5퍼센트 이상 차이가 나면 대통령령으로 정하는 바에 따라 납부세액 또는 환급세액을 다시 계산하여 해당 과세기간의 확정신고와 함께 관할 세무서장에게 신고·납부하여야 한다.
③ 납부세액 및 환급세액 재계산시 경과된 과세기간의 수를 계산할 때 과세기간의 개시일 후에 감가상각자산을 취득한 경우에는 그 과세기간의 개시일에 해당 재화를 취득하게 된 것으로 본다.
④ 해당 과세기간의 총공급가액 중 면세공급가액이 5퍼센트 이하인 경우의 공통매입세액은 안분하지 아니하고 전액 공제되는 매입세액으로 한다.

15

「국세징수법」상 재난등으로 인한 납부기한등의 연장 등에 대한 설명으로 옳지 않은 것은?

① 납세자가 경영하는 사업에 현저한 손실이 발생하거나 부도 또는 도산의 우려가 있는 경우일지라도 납세의 독촉을 받은 후에는 납부기한 등을 연장할 수 없다.
② 관할 세무서장은 납세자가 권한 있는 기관에 장부나 서류 또는 그 밖의 물건이 압수 또는 영치된 경우로서 국세를 납부할 수 없다고 인정되는 경우 납부고지를 유예(세액을 분할하여 납부고지하는 것을 포함)할 수 있다.
③ 관할 세무서장은 납부기한등의 연장 또는 납부고지의 유예를 하는 경우 그 연장 또는 유예와 관계되는 금액에 상당하는 납세담보의 제공을 요구할 수 있다.
④ 관할 세무서장은 재난등으로 인해 납부기한등을 연장하거나 납부고지를 유예한 경우 그 연장 또는 유예 기간 동안 「국세기본법」에 따른 납부지연가산세 및 원천징수 등 납부지연가산세를 부과하지 않는다. 납세자가 납부고지 또는 독촉을 받은 후에 「채무자 회생 및 파산에 관한 법률」 제140조에 따른 징수의 유예를 받은 경우에도 또한 같다.

16

「국세징수법」상 압류의 효력에 대한 설명으로 옳지 않은 것은?

① 압류의 효력은 압류재산으로부터 생기는 천연과실 또는 법정과실에도 미친다.
② 채권 압류의 효력은 채권 압류 통지서가 제3채무자에게 송달된 때에 발생한다.
③ 유가증권에 대한 압류의 효력은 세무공무원이 그 재산을 점유한 때에 발생한다.
④ 부동산에 대한 압류의 효력은 그 압류대상을 점유한 때에 발생한다.

17

「국세기본법」상 제2차 납세의무에 대한 설명으로 옳은 것은? (단, 사업양수인은 사업양도인과 특수관계인이라고 가정한다.)

① 사업양수인의 제2차 납세의무에 있어서 사업양도일 이전에 양도인의 납세의무가 성립된 그 사업에 관한 국세·강제징수비를 양도인의 재산으로 충당하여도 부족할 때에는 대통령령으로 정하는 사업의 양수인은 그 부족한 금액에 대하여 양수한 재산의 가액을 한도로 제2차 납세의무를 진다.
② 유가증권시장 상장법인 및 코스닥시장 상장법인의 주주는 해당 법인에 대해 출자자의 제2차 납세의무를 지지 않는다.
③ 법인의 제2차 납세의무에 있어 과점주주는 법인의 자산총액에서 부채총액을 차감한 금액에 출자자의 소유주식 금액 또는 출자액을 곱한 후 이를 발행주식 총액 또는 출자총액으로 나눈 금액을 한도로 한다. 그러나 무한책임사원에 대하여는 한도 없이 부족한 세액 전액에 대하여 제2차 납세의무를 진다.
④ 사업양수인의 제2차 납세의무에 있어서 사업의 양도인에게 둘 이상의 사업장이 있는 경우에 하나의 사업장을 양수한 자는 양수한 사업장 외의 다른 사업장과 관계되는 국세·강제징수비에 대해서도 제2차 납세의무를 진다.

18

「국세기본법」상 세무조사에 관한 설명으로 옳은 것만을 모두 고른 것은?

㉠ 조사 대상 과세기간 중 연간 수입금액 또는 양도가액이 가장 큰 과세기간의 연간 수입금액 또는 양도가액이 100억 원 미만인 납세자에 대한 세무조사 기간은 20일 이내로 하는 것을 원칙으로 한다.
㉡ 세무공무원은 구체적인 세금탈루 혐의가 여러 과세기간 또는 다른 세목까지 관련되는 것으로 확인되는 경우에는 조사진행 중 세무조사의 범위를 확대할 수 있다.
㉢ 세무공무원은(수시부과 세무조사 사유에 해당하는 경우로서) 납세자의 동의가 있는 경우에는 세무조사 기간동안 세무조사의 목적으로 납세자의 장부 또는 서류 등을 세무관서에 일시 보관할 수 있다.
㉣ 세무조사 대상자가 폐업한 경우에는 세무조사에 대한 결과통지를 하지 않는다.
㉤ 세무조사 연기신청을 받은 관할 세무관서의 장은 연기신청 승인 여부를 결정하고 그 결과(연기 결정 시 연기한 기간을 포함)를 조사 개시 15일 전까지 통지하여야 한다.

① ㉠, ㉡
② ㉠, ㉡, ㉢
③ ㉠, ㉢, ㉤
④ ㉢, ㉣

19

「법인세법」상 법인과세신탁에 대한 설명으로 올바르지 않은 것은?

① 법인과세 신탁재산이 그 이익을 수익자에게 분배하는 경우에는 배당으로 본다. 따라서 수익자가 개인인 경우에는 해당 수익은 배당소득으로 과세된다.
② 재산의 처분 등에 따라 법인과세 수탁자가 법인과세 신탁재산의 재산으로 그 법인과세 신탁재산에 부과되거나 그 법인과세 신탁재산이 납부할 법인세 및 강제징수비를 충당하여도 부족한 경우에는 그 신탁의 수익자는 분배받은 재산가액 및 이익을 한도로 그 부족한 금액에 대하여 제2차 납세의무를 진다.
③ 법인과세 신탁재산은 「신탁법」 제3조에 따라 그 신탁이 설정된 날에 설립된 것으로 본다.
④ 법인과세 신탁재산의 법인세 납세지는 위탁자의 납세지로 한다.

20

비상장 영리내국법인(중소기업)인 ㈜혜정의 세무조정 자료를 이용하여 제23기(2023.1.1.~ 2023.12.31.) 법인세 산출세액을 계산한 것으로 옳은 것은?

㉠ 제23기 각사업연도소득금액은 300,000,000원이고, 이 금액에는 공익신탁의 신탁재산에서 생기는 소득 10,000,000원이 포함되어 있다.
㉡ 제3기 사업연도까지 발생한 세무상 결손금은 5,000,000원이고, 제19기 세무상 결손금 70,000,000원이 발생하였다.
㉢ 위에서 제시한 자료 이외에는 고려하지 않는다.

① 21,800,000원
② 24,000,000원
③ 28,000,000원
④ 40,000,000원

회계학 전공강화 동형 모의고사 2회

01
㈜혜미의 4월 중 상품수불부 내역은 다음과 같다. 선입선출법에 따른 4월 말 재고자산 금액은?

구분	일자	수량(개)	매입단가	금액
기초재고	4월 1일	200	₩100	₩20,000
매입	4월 10일	700	₩120	₩84,000
판매	4월 15일	(600)		
매입	4월 20일	100	₩140	₩14,000
기말재고	4월 30일	??	??	??

① ₩50,000
② ₩48,000
③ ₩46,000
④ ₩44,000

02
'재무보고를 위한 개념체계'에 대한 설명으로 옳은 것은?

① 재무제표 요소의 인식이란 재무제표 요소의 정의에 부합하고 인식기준을 충족하는 항목을 재무상태표나 포괄손익계산서에 반영하는 과정을 말한다.
② 일반목적재무보고의 목적은 현재 투자자, 대여자 및 기타 채권자가 기업에 자원을 제공하는 것에 대한 의사결정을 할 때 유용한 보고기업 재무정보를 제공하는 것이다.
③ 중요성은 신중을 기함으로써 뒷받침된다. 신중성은 불확실한 상황에서 판단할 때 주의를 기울이는 것이다.
④ 부채의 의무는 법률적인 것만을 의미하므로 정상적인 거래실무, 관행 또는 원활한 거래관계를 유지하거나 공평한 거래를 하려는 의도에서는 발생할 수 없다.

03
다음은 ㈜시은의 20×1년 기말상품과 관련된 자료이다. ㈜시은은 재고자산감모손실과 재고자산평가손실(환입)을 매출원가에서 조정한다. 20×1년 재고자산감모손실과 재고자산평가손실(환입)이 매출원가에 미치는 순영향은?

장부재고	실지재고	단위당 원가	단위당 순실현가능가치
200개	170개	₩10	₩9

① ₩500 증가
② ₩470 증가
③ ₩290 증가
④ ₩380 증가

04
12월 결산법인인 ㈜은주의 12월 말 재무제표는 다음의 계정과목을 포함하고 있다.

- 외상매입금   ₩40,000
- 감가상각누계액 ₩70,000
- 급여   ₩100,000
- 미지급이자   ₩20,000
- 광고비   ₩10,000
- 지급어음A   ₩10,000
- 미지급급여   ₩30,000
- 지급어음B   ₩10,000
- 이자비용   ₩10,00
- 장기차입금   ₩90,000

지급어음 A의 만기는 1개월이며, 지급어음 B의 만기는 5년이다. 유동자산이 ₩150,000이라면 ㈜은주의 유동비율은 얼마인가?

① 1
② 1.5
③ 2
④ 2.5

05

㈜종현은 20×1년 10월 1일 기계장치를 ₩ 95,000(내용연수 5년, 잔존가치 ₩ 5,000, 연수합계법, 월할 상각)에 취득하였다. 동 기계장치를 20×3년 6월 30일 ₩ 49,000에 처분할 경우, 처분시점의 장부금액과 처분손익을 바르게 연결한 것은? (단, 기계장치는 원가모형을 적용하고 손상차손은 발생하지 않았다)

장부금액	처분손익
① ₩ 48,000	손실 ₩ 3,000
② ₩ 48,000	이익 ₩ 3,000
③ ₩ 47,000	손실 ₩ 2,000
④ ₩ 47,000	이익 ₩ 2,000

06

㈜석원이 20×1년 1월 1일 다음과 같은 조건으로 전환사채를 액면발행하였을 때 전환권대가는? (단, 단일금액 ₩1의 현재가치는 0.75(3기간, 10%), 정상연금 ₩1의 현재가치는 2.5 (3기간, 10%)이다.)

- 액면금액 : ₩50,000
- 만기일 : 20×3년 12월 31일
- 표시이자율 : 연 8%(매년 12월 31일 지급)
- 전환조건 : 사채 액면금액 ₩2,000당 보통주(주당 액면금액 ₩1,000) 1주로 전환
- 사채발행시점의 유효이자율 : 연 10%
- 원금상환방법 : 상환기일에 액면금액을 일시상환

① ₩2,000   ② ₩2,500
③ ₩5,000   ④ ₩10,000

07

㈜원준은 공장건물 신축공사를 20×1년 4월 1일에 개시하여 20×2년 9월 30일에 완료하였다. 신축 공사를 위해 지출된 금액과 차입금 관련 정보는 다음과 같으며, 특정차입금은 신축공사를 위한 목적으로 차입하였다. ㈜원준이 공장건물 신축공사와 관련하여 20×1년에 자본화할 차입원가를 계산하시오. 단, 연평균 지출액과 이자비용은 월할로 계산한다.

날짜	지출액
20×1년 4월 1일	₩ 150,000
20×1년 10월 1일	₩ 80,000
20×2년 1월 1일	₩ 61,500

차입금 구분	차입금액	차입기간	연이자율
특정차입금	₩120,000	20×1년 4월 1일 ~20×2년 9월 30일	6%
일반차입금	₩ 80,000	20×1년 7월 1일 ~20×2년 9월 30일	8%

① ₩7,500   ② ₩8,600
③ ₩9,400   ④ ₩10,500

08

12월 결산법인인 ㈜다래의 20×1년 1월 1일 외상매출금은 ₩1,100,000, 대손충당금은 ₩80,000이다. 20×1년 중 ₩3,000,000의 외상매출이 발생하였으며, 이 중 매출환입은 ₩100,000이다. 20×1년 중 외상매출금의 회수액은 ₩2,500,000이며, ₩100,000의 외상매출금이 회수불능으로 대손처리 되었고, 대손처리한 외상매출금 중 ₩50,000이 회수 되었다. ㈜다래는 회수불능채권에 대하여 대손충당금을 설정하고 있으며, 매출채권 비율기준에 따라 매출채권의 6%를 회수불능채권으로 추정할 경우 20×1년 대손상각비는 얼마인가?

① ₩25,000   ② ₩40,000
③ ₩54,000   ④ ₩82,000

09

중간재무보고에 관련된 K-IFRS의 설명으로 옳지 않은 것은?

① 중요성을 평가하는 과정에서 중간기간의 측정은 연차재무자료의 측정에 비하여 추정에 의존하는 정도가 크다는 점을 고려하여야 한다.
② 중간재무보고서에는 직전 연차보고기간말 후 발생한 재무상태와 경영성과의 변동을 이해하는 데 유의적인 거래나 사건에 대한 설명을 포함한다.
③ 직전 연차재무보고서에 이미 보고된 정보에 대한 갱신사항이 상대적으로 경미하다면 중간재무보고서에 주석으로 보고할 필요는 없다.
④ 지배기업의 별도재무제표는 직전 연차연결재무제표와 일관되거나 비교가능한 재무제표로 본다.

10

㈜아영은 종합원가계산제도를 채택하고 있다. 원재료는 공정 초에 전량 투입되며, 가공비는 공정전반에 걸쳐 균등하게 발생한다. 회사의 2023년 8월의 원가계산자료는 다음과 같다.

- 기초재공품수량 : 100개(완성도 80%)
- 당기투입량 : 1,000개
- 당기완성량 : 800개
- 공손수량 : 50개
- 기말재공품수량 : 250개(완성도 70%)

당기 품질검사에 합격한 합격품의 4%를 정상공손으로 계산한다. 단, 선입선출법을 사용하며, 검사가 공정의 60% 시점에서 각각 이루어진다고 가정할 경우 비정상공손수량은?

① 12 ② 14
③ 16 ④ 19

11

12월 결산법인인 ㈜세현의 20×1년 법인세비용차감전 순이익은 ₩1,100,000이다. 그러나 확인 결과 급여미지급액 ₩50,000, 유형자산의 감가상각액 ₩100,000, 차입금이자 미지급액 ₩50,000, 대여금 이자 미수액 ₩50,000, 외상매출금 ₩100,000을 현금으로 회수한 것에 대한 회계처리가 누락된 것으로 나타났다. 누락한 회계처리를 반영한 법인세비용 차감전 순이익은 얼마인가?

① ₩800,000 ② ₩850,000
③ ₩900,000 ④ ₩950,000

12

㈜상아는 20×1년 초 장기건설계약(건설기간 4년)을 체결하였다. 총공사계약액은 ₩11,000이고 공사원가 관련 자료는 다음과 같다. ㈜상아가 발생원가에 기초하여 진행률을 계산하는 경우, 20×3년도에 인식할 공사손익은?

구 분	20×1년	20×2년	20×3년	20×4년
당기발생 공사원가	₩1,200	₩2,300	₩2,500	₩2,000
완성에 소요될 추가공사원가 예상액	₩4,800	₩3,500	₩2,000	-

① ₩500 이익 ② ₩100 손실
③ ₩250 이익 ④ ₩100 이익

13

12월 결산법인인 ㈜유라는 실지재고조사법으로 회계처리 하는 회사이다. ㈜유라는 상품을 20×1년 12월 28일 선적지인도 조건(FOB shipping point)으로 외상 매입하였으며, 12월 31일 현재 운송 중이다. ㈜유라는 해당 매입분에 대한 매입기록을 하지 않았으며, 기말재고자산에 누락하였다. 이에 대한 20×1년 말 당기순이익, 부채, 자본, 매출원가에 미치는 영향으로 올바른 것은?

① 당기순이익 : 영향 없음, 부채 : 과소 계상, 자본 : 영향없음, 매출원가 : 영향없음
② 당기순이익 : 영향 없음, 부채 : 과대 계상, 자본 : 과소 계상, 매출원가 : 과소 계상
③ 당기순이익 : 과소 계상, 부채 : 과소 계상, 자본 : 영향 없음, 매출원가 : 영향 없음
④ 당기순이익 : 과소 계상, 부채 : 영향 없음, 자본 : 과소 계상, 매출원가 : 과소 계상

14

다음 중 「국가회계기준에 관한 규칙」에 따른 재무제표에 대한 설명 중 올바르지 않은 것은?

① 재무제표는 「국가회계법」 제14조 제3호에 따라 재정상태표, 재정운영표, 순자산변동표로 구성하되, 재무제표에 대한 주석을 포함한다.
② 재무제표는 국가의 재정활동에 직접적 또는 간접적으로 이해관계를 갖는 정보이용자가 국가의 재정활동 내용을 파악하고, 합리적으로 의사결정을 할 수 있도록 유용한 정보를 제공하는 것을 목적으로 한다.
③ 재무제표를 통합하여 작성할 경우 중앙 관서의 재정상태 및 재정운영에 관한 정보를 명확히 구분할 수 있도록 내부거래는 상계하지 않는다.
④ 비교하는 형식으로 작성되는 두 회계연도의 재무제표는 계속성의 원칙에 따라 작성하며, 「국가회계법」에 따른 적용 범위, 회계정책 또는 이 규칙 등이 변경된 경우에는 그 내용을 주석으로 공시한다.

15

초변동원가계산과 관련된 다음의 설명 중 옳지 않은 것은?

① 직접노무원가는 제품원가에 포함되지 않는다.
② 재료처리량공헌이익에 대한 정보를 제공하므로 불필요한 재고자산을 감소시키는데 유용하다.
③ 외부보고 및 조세목적을 위해서 일반적으로 인정되는 방법이다.
④ 고정제조간접원가는 제품원가에 포함되지 않는다.

16

㈜장호는 계산기를 제조하여 판매하고 있다. 계산기의 단위당 판매가격은 ₩5,000, 단위당 변동비는 ₩3,000, 총고정비는 ₩500,000이다. 법인세율이 세전이익 100,000까지는 30%이고 초과액은 40%라고 할 때, 세후목표이익 ₩100,000을 달성하기 위해 필요한 계산기의 판매량은?

① 250개
② 300개
③ 325개
④ 350개

17

㈜대희의 2024년 원가자료는 다음과 같다. 제조간접비가 직접노무비의 3배로 발생할 때 ㈜대희의 당기발생원가는 얼마인가?

- 기초재공품재고액   ₩10,000
- 기말재공품재고액   ₩15,000
- 기초원가   ₩40,000
- 가공원가   ₩100,000

① ₩74,000
② ₩88,000
③ ₩88,000
④ ₩115,000

18

㈜창희는 관계기업주식으로 ㈜만재의 발행주식 중 40%에 해당하는 100주를 보유하고 있다. 동 주식의 2023년 10월 31일의 장부가액은 주당 ₩10,000이었고, 시가는 주당 ₩12,000이었다. 2023년 12월 31일 결산결과 ㈜만재의 당기순이익은 ₩400,000이었다. ㈜만재는 2024년 1월에 주당 ₩300의 배당금을 지급하였다. ㈜창희는 2024년 3월 5일에 보유중이던 ㈜만재의 주식을 주당 ₩13,000에 모두 처분하였다. ㈜창희의 주식처분 시의 옳은 분개는?

		(차변)		(대변)	
①	현금	₩1,300,000	관계기업주식		₩1,000,000
			관계기업주식처분이익		₩300,000
②	현금	₩1,300,000	관계기업주식		₩1,006,000
			관계기업주식처분이익		₩294,000
③	현금	₩1,300,000	관계기업주식		₩1,150,000
			관계기업주식처분이익		₩150,000
④	현금	₩1,300,000	관계기업주식		₩1,130,000
			관계기업주식처분이익		₩170,000

19

다음은 ㈜재헌의 20×1년도 및 20×2년도 말 부분재무제표이다.

구분	20×1년	20×2년
자산 총계	₩45,000	₩47,000
부채 총계	₩15,000	₩14,600
당기순이익	₩2,000	₩1,500

20×2년도 중에 ㈜재헌은 ₩2,000을 유상증자하였고 현금배당 ₩800, 자기주식을 ₩1,000에 취득하였다. ㈜재헌의 20×2년도 포괄손익계산서상 기타포괄손익은?

① ₩200 ② ₩700
③ ₩800 ④ ₩900

20

다음은 ㈜지연의 20×1년 현금흐름표를 작성하기 위한 회계자료의 일부다. ㈜지연이 20×1년 현금흐름표에 표시할 투자활동으로 인한 순현금흐름액은?

구분	전기 말	당기 말	당기발생
기계장치	₩4,650,000	₩5,100,000	
감가상각누계액	₩1,425,000	₩1,545,000	
기계장치 감가상각비			₩300,000
기계장치 처분이익			₩5,000

〈추가자료〉
○ ₩650,000의 기계장치 취득거래가 발생하였다.
○ 모든 거래는 현금거래이다.

① ₩525,000 유출 ② ₩555,000 유출
③ ₩625,000 유출 ④ ₩705,000 유출

세법 전공강화 동형 모의고사 2회

01

「상속세및증여세법」상 거주자가 배우자 등으로부터 증여를 받은 경우에는 증여재산 공제를 증여세 과세가액에서 공제한다. 이 경우 수증자를 기준으로 그 증여를 받기 전 10년 이내에 공제받은 금액과 해당 증여가액에서 공제받을 금액을 합친 금액이 공제 한도를 초과하는 경우에는 그 초과하는 부분은 공제하지 아니한다. 증여재산 공제 한도 금액으로 옳지 않은 것은?

① 배우자로부터 증여를 받은 경우 : 6억 원
② 직계존속으로부터 혼인일 전후 2년 이내에 증여를 받는 경우 : 1억 원
③ 직계비속(수증자와 혼인 중인 배우자의 직계비속을 포함)으로부터 증여를 받은 경우 : 2천만 원
④ 배우자 및 직계존비속 외에 6촌 이내의 혈족, 4촌 이내의 인척으로부터 증여를 받은 경우 : 1천만 원

02

국세징수를 강제하기 위한 세법상의 조치에 관하여 설명한 것으로 옳지 않은 것은?

① 납세자가 국가·지방자치단체 또는 정부관리기관과 물품의 납품계약 또는 공사계약을 체결하는 때에는 납세증명서를 제출하여야 한다.
② 관할 세무서장 또는 지방국세청장은 납세자가 허가·인가·면허 및 등록 등을 받은 사업과 관련된 소득세, 법인세 및 부가가치세를 체납한 경우 해당 사업의 주무관청에 그 납세자에 대하여 허가등의 갱신과 그 허가등의 근거 법률에 따른 신규 허가등을 하지 아니할 것을 요구할 수 있다.
③ 「주택임대차보호법」 제2조에 따른 주거용 건물 또는 「상가건물 임대차보호법」 제2조에 따른 상가건물을 임차하여 사용하려는 자는 해당 건물에 대한 임대차계약을 하기 전 또는 임대차계약을 체결하고 임대차 기간이 시작하는 날까지 임대인의 동의를 받아 그 자가 납부하지 아니한 국세 또는 체납액의 열람을 임차할 건물 소재지의 관할 세무서장에게 신청할 수 있다. 단, 임대차계약을 체결한 임차인으로서 해당 계약에 따른 보증금이 대통령령으로 정하는 금액을 초과하는 자는 임대차 기간이 시작하는 날까지 임대인의 동의 없이도 임대인의 미납국세등 열람 신청을 할 수 있다.
④ 「출입국관리법」 제31조에 따른 외국인등록 또는 「재외동포의 출입국과 법적 지위에 관한 법률」 제6조에 따른 국내거소신고를 한 외국인이 체류기간 연장허가 등 대통령령으로 정하는 체류 관련 허가를 법무부장관에게 신청하는 경우에는 납세증명서를 제출하여야 한다.

03

「국세기본법」상 용어의 정의에 대한 설명으로 옳지 않은 것은?

① '국세'란 국가가 부과하는 조세로서 소득세, 법인세, 부가가치세, 관세, 주세, 증권거래세 등을 말한다.
② '세무조사'란 국세의 과세표준과 세액을 결정 또는 경정하기 위하여 질문을 하거나 해당 장부·서류 또는 그 밖의 물건을 검사·조사하거나 그 제출을 명하는 활동을 말한다.
③ '세무공무원'이란 국세청장, 지방국세청장, 세무서장 또는 그 소속 공무원과 세법에 따라 국세에 관한 사무를 세관장(稅關長)이 관장하는 경우의 그 세관장 또는 그 소속 공무원을 말한다.
④ '세법'이란 국세의 종목과 세율을 정하고 있는 법률과 「국세징수법」, 「조세특례제한법」, 「국제조세조정에 관한 법률」, 「조세범처벌법」 및 「조세범처벌절차법」을 말한다.

04

「국세기본법」의 과소신고·초과환급신고가산세에 대한 설명으로 옳지 않은 것은?

① 부정행위로 과소신고하거나 초과신고한 경우에는 부정행위로 인한 과소신고납부세액등의 100분의 40(역외거래에서 발생한 부정행위로 인한 경우에는 100분의 60)에 상당하는 금액과 과소신고납부세액등에서 부정행위로 인한 과소신고납부세액등을 뺀 금액의 100분의 10에 상당하는 금액을 합한 금액을 과소신고·초과환급신고가산세로 한다.
② 「조세특례제한법」제24조에 따라 통합투자세액공제를 받은 후 대통령으로 정하는 부득이한 사유로 해당 세액공제 요건을 충족하지 못하게 된 경우에는 과소신고·초과환급신고가산세를 부과하지 아니한다.
③ 「부가가치세법」에 따른 사업자가 예정신고 또는 확정신고를 한 경우로서 영세율과세표준을 과소신고하거나 신고하지 아니한 경우에는 그 과소신고되거나 무신고된 영세율과세표준의 1천분의 5에 상당하는 금액을 더한 금액을 가산세로 한다.
④ 과소신고·초과환급신고가산세는 「부가가치세법」에 따른 사업자가 아닌 자가 환급세액을 신고한 경우에는 적용하지 아니한다.

05

다음은 「국세기본법」상 납세의무에 대한 설명이다. 옳지 않은 것은?

① 무신고가산세 및 과소신고·초과환급신고가산세는 법정납부기한이 경과하는 때에 납세의무가 성립한다.
② 부담부증여에 따라 수증자에게 증여세가 과세되고 증여자에게 양도소득세가 과세되는 경우로서, 증여세를 무신고한 경우 제척기간은 15년을 적용하고 양도소득세의 제척기간도 15년을 적용한다.
③ 납세의무자가 「종합부동산세법」제16조제3항에 따라 과세표준과 세액을 정부에 신고하는 경우에는 납세의무자가 과세표준과 세액을 정부에 신고했을 때에 확정된다.
④ 금융·보험업자의 수익금액에 부과되는 교육세는 과세기간이 끝나는 때에 납세의무가 성립한다.

06

「법인세법」상 납세지에 대한 설명으로 옳은 것은?

① 법인으로 보는 단체의 납세지는 관할지방국세청장이 지정하는 장소로 한다.
② 납세지가 변경된 법인이 「부가가치세법」의 규정에 의하여 그 변경된 사실을 신고한 경우에도 법인세법의 규정에 의한 변경신고를 하여야 한다.
③ 법인세에 대한 원천징수의무자가 거주자인 경우 원천징수한 법인세의 납세지는 사업장의 유무에 상관없이 당해 거주자의 주소지 또는 거소지로 한다.
④ 내국법인의 본점 등의 소재지가 등기된 주소와 동일하지 아니한 경우 관할지방국세청장이나 국세청장은 그 법인의 납세지를 지정할 수 있다.

07

「법인세법」상 손금의 범위에 포함되는 것은? (단, 모든 거래는 사업과 관련하여 발생된 통상적인 비용이거나 수익과 직접 관련 있는 것이라 가정한다.)

① 결산을 확정할 때 잉여금의 처분을 손비로 계상한 금액
② 법령에 따라 의무적으로 납부하는 것이 아닌 공과금
③ 양도한 자산의 양도가액
④ 영업자가 조직한 단체로서 법인이거나 주무관청에 등록된 조합 또는 협회에 지급한 일반회비

08

「법인세법」상 신고조정으로 손금산입하는 대손채권은?

① 「서민의 금융생활 지원에 관한 법률」에 따른 채무조정을 받아 같은 법 제75조의 신용회복지원협약에 따라 면책으로 확정된 채권
② 중소기업의 외상매출금 및 미수금으로서 회수기일이 2년 이상 지난 외상매출금 등. 다만, 특수관계인과의 거래로 인하여 발생한 외상매출금 등은 제외한다.
③ 재판상 화해 등 확정판결과 같은 효력을 가지는 것으로서 기획재정부령으로 정하는 것에 따라 회수불능으로 확정된 채권
④ 부도발생일부터 6개월 이상 지난 수표 또는 어음상의 채권 및 외상매출금(중소기업의 외상매출금으로서 부도발생일 이전의 것에 한정함). 다만, 해당 법인이 채무자의 재산에 대하여 저당권을 설정하고 있는 경우는 제외한다.

09
「국세기본법」상 보칙 및 벌칙에 대한 설명으로 옳지 않은 것은?

① 납세자 또는 세법에 따라 과세자료를 제출할 의무가 있는 자로부터 과세표준신고서, 과세표준수정신고서, 경정청구서 또는 과세표준신고·과세표준수정신고·경정청구와 관련된 서류 및 그 밖에 대통령령으로 정하는 서류를 받는 경우에는 세무공무원은 납세자등에게 접수증을 발급하여야 한다. 다만, 우편신고 등 대통령령으로 정하는 경우에는 접수증을 발급하지 아니할 수 있다.
② 고지할 국세(인지세는 제외) 및 강제징수비를 합친 금액이 1만 원 미만일 때에는 그 금액은 없는 것으로 본다.
③ 납세자는 국세에 관한 사항을 처리하게 하기 위하여 변호사, 세무사 또는 「세무사법」에 따라 등록한 공인회계사를 납세관리인으로 둘 수 있다.
④ 국세청장은 납세자가 세법에서 정한 납세의무를 이행하기 위하여 제출한 자료나 국세의 부과·징수를 위하여 업무상 취득한 과세정보를 타인에게 제공 또는 누설하거나 그 목적 외의 용도로 사용한 자에게 과태료를 부과하지 아니하고 형사처벌을 한다.

10
다음 중 「국세기본법」상 물납재산의 환급에 관한 설명 중 잘못된 것은?

① 물납재산으로 환급하는 경우에 국가가 물납재산에 대하여 자본적 지출을 한 경우에는 이를 납세자의 부담으로 한다.
② 상속세 물납 후 그 물납재산이 매각되었거나 다른 용도로 사용되고 있는 경우 등 대통령령으로 정하는 경우에는 환급하지 아니한다.
③ 물납재산으로 환급하는 경우에 국가가 물납재산을 유지 또는 관리하기 위하여 지출한 비용은 국가의 부담으로 한다.
④ 납세자가 「상속세및증여세법」에 따라 상속세를 물납(物納)한 후 그 부과의 전부 또는 일부를 취소하거나 감액하는 경정·결정에 따라 환급하는 경우에는 해당 물납재산으로 환급하여야 한다. 이 경우 국세환급가산금은 지급하지 아니한다.

11
「법인세법」상 신고 및 납부 절차에 대한 설명으로 올바르지 않은 것은?

① 「소득세법」에 따른 성실신고 확인대상 사업자가 사업용 자산을 현물출자하는 등 대통령령으로 정하는 방법에 따라 내국법인으로 전환한 경우 그 내국법인(사업연도 종료일 현재 법인으로 전환한 후 3년 이내의 내국법인으로 한정함)은 법인세 과세표준 신고 시 성실신고확인서를 제출하여야 한다.
② 직전 사업연도의 중소기업으로서 제63조의2제1항제1호의 계산식에 따라 계산한 금액이 150만 원 미만인 내국법인은 중간예납세액을 납부할 의무가 없다.
③ 내국법인은 중간예납기간이 지난 날부터 2개월 이내에 중간예납세액을 대통령령으로 정하는 바에 따라 납세지 관할 세무서, 한국은행 또는 체신관서에 납부하여야 한다.
④ 내국법인은 각 사업연도의 소득에 대한 법인세 산출세액에서 중간예납세액, 수시부과세액 등을 공제한 금액을 각 사업연도의 소득에 대한 법인세 신고기한까지 납세지 관할 세무서등에 납부하여야 한다.

12
「국세징수법」상 고액·상습체납자의 수입물품에 대한 강제징수의 위탁에 대한 설명으로 옳지 않은 것은?

① 관할 세무서장은 세관장에게 강제징수를 위탁할 수 있는 체납자에 대하여 1개월 이내의 기간을 정하여 그 기간에 체납된 국세를 납부하지 않을 경우 체납자의 수입물품에 대한 강제징수가 세관장에게 위탁될 수 있다는 사실을 알려야 한다.
② 관할 세무서장은 체납 발생일부터 1년이 지난 국세의 합계액이 5천만 원 이상인 경우 체납자의 수입물품에 대한 강제징수를 세관장에게 위탁할 수 있다.
③ 관할 세무서장은 고액·상습체납자에 대하여 세관장에게 강제징수를 위탁한 경우 즉시 그 위탁 사실을 체납자에게 통지해야 한다.
④ 관할 세무서장은 체납자가 고액·상습체납자의 명단 공개 대상에서 제외되는 경우 즉시 해당 체납자의 수입물품에 대한 강제징수의 위탁을 철회해야 한다.

13

「소득세법」상 종합소득 과세표준에 합산하여야 하는 것은?

① 민법의 규정에 의해 설립된 직장공제회의 초과반환금 500만 원
② 출자임원(상장회사의 소액주주인 임원임)이 회사로부터 제공받은 사택제공이익
③ 고용관계 없이 받은 일시·우발적인 원고료 1,000만 원
④ 도·소매업에 종사하는 자로서 근로계약에 따라 동일한 고용주에게 3개월 이상 계속하여 고용되어 있지 아니한 자의 급여액 100만 원

14

다음 자료를 이용하여 거주자 정현의 2024년도 종합소득공제액을 계산하면 얼마인가? (단, 소득공제의 종합한도나 「조세특례제한법」상의 소득공제는 고려하지 아니하고, 주어진 자료 이외에 종합소득공제의 배제 사유는 없음)

(1) 본인 및 가족 현황(자료에 기재된 소득 이외의 소득은 없음)

구분	연령	소득현황	비고
본인(남성)	50세	총급여액 77,000,000원	무주택자
배우자	48세	총급여액 5,000,000원	해외에 거주
부친	72세	사업소득금액 10,000,000원	
모친	75세	국내예금이자 35,000,000원	당해연도 2월 8일 사망
장녀	22세	근로소득금액 2,000,000원	장애인
장남	19세	소득 없음	장애인

※ 배우자를 제외한 가족들은 모두 근로자 본인과 생계를 같이 한다.

(2) 기타 거주자 정현이 지출하였거나 정현이 근무하고 있는 회사가 부담한 사항은 다음과 같다.
  ㉠ 「국민건강보험법」에 따른 국민건강보험료 3,600,000원 (본인 부담분 1,800,000원, 회사 부담분 1,800,000원)
  ㉡ 「고용보험법」에 따른 고용보험료 1,000,000원(본인 부담금 500,000원, 회사부담금 500,000원)
  ㉢ 정현의 생명보험 보험료 1,000,000원

① 8,800,000원
② 9,800,000원
③ 11,300,000원
④ 13,600,000원

15

「부가가치세법」상 재화 및 용역의 공급에 관한 설명으로 옳지 않은 것은?

① 면세되는 용역의 공급에 통상적으로 부수되는 용역의 공급은 그 면세되는 용역의 공급에 포함되는 것으로 본다.
② 주된 재화의 공급에 부수되어 공급되는 것으로서 해당 대가가 주된 재화의 공급에 대한 대가에 통상적으로 포함되어 공급되는 재화의 공급은 주된 재화의 공급에 포함되는 것으로 본다.
③ 주된 사업과 관련하여 일시적으로 공급하는 재화 또는 용역의 공급은 별도의 공급으로 보지 아니한다.
④ 골프장·테니스장 경영자가 동 장소 이용자로부터 받는 입회금으로서 일정기간 거치 후 반환하는 입회금은 과세 대상이 아니다.

16

「부가가치세법」상 재화 및 용역의 공급시기 특례에 관한 설명으로 옳지 않은 것은?

① 사업자가 재화 또는 용역의 공급시기가 되기 전에 재화 또는 용역에 대한 대가의 전부 또는 일부를 받고, 그 받은 대가에 대하여 세금계산서를 발급하면 해당 대가를 받은 때를 그 재화 또는 용역의 공급시기로 본다.
② 장기할부판매로 재화를 공급하거나 장기할부조건부로 용역을 공급하는 경우의 공급시기가 되기 전에 세금계산서를 발급하는 경우에는 그 발급한 때를 재화 또는 용역의 공급시기로 본다.
③ 거래 당사자 간의 계약서·약정서 등에 대금 청구시기(세금계산서 발급일을 말함)와 지급시기를 따로 적고, 대금 청구시기와 지급시기 사이의 기간이 30일 이내인 경우에는 재화 또는 용역을 공급하는 사업자가 그 재화 또는 용역의 공급시기가 되기 전에 제32조에 따른 세금계산서를 발급하고 그 세금계산서 발급일부터 7일이 지난 후 대가를 받더라도 해당 세금계산서를 발급한 때를 재화 또는 용역의 공급시기로 본다.
④ 사업자가 재화 또는 용역의 공급시기가 되기 전에 세금계산서를 발급하고 그 세금계산서 발급일부터 7일 이내에 대가를 받으면 해당 세금계산서를 발급한 때를 재화 또는 용역의 공급시기로 본다.

17
「소득세법」상 결손금 소급공제에 대한 설명으로 옳지 않은 것은?

① 중소기업을 영위하는 거주자(부동산임대업 제외)는 이월결손금이 발생한 경우 결손금 소급공제에 의한 세액환급을 신청할 수 있다.
② 결손금 소급공제 환급은 신청하지 않으면 적용하지 않고, 해당 결손금은 이월공제된다.
③ 결손금 소급공제는 거주자가 결손금이 발생한 과세기간과 그 직전 과세기간의 소득에 대한 소득세의 과세표준 및 세액을 각각 신고한 경우에 한하여 적용된다.
④ 결손금 소급공제에 의하여 환급을 받았다 하더라도 동일한 결손금을 이월하여 공제할 수 있다.

18
현행 「소득세법」상 퇴직소득세의 특징으로 옳지 않은 것은?

① 퇴직소득에 대한 과세표준은 퇴직소득금액에서 퇴직소득공제를 적용한 금액으로 한다.
② 공적연금 관련법에 따라 받는 일시금은 임원이라도 퇴직소득 한도를 두지 않는다.
③ 퇴직소득이 있는 거주자에 대해서는 해당 과세기간의 퇴직소득금액에서 환산급여 공제액을 먼저 공제한 후 근속연수공제 금액을 공제한다.
④ 해당 과세기간의 퇴직소득금액이 근속연수 공제 금액에 미달하는 경우에는 그 퇴직소득금액을 공제액으로 한다.

19
부동산 임대업을 영위하는 개인사업자 甲이 2024년 제1기 과세기간 동안 임대한 내용은 다음과 같다. 부가가치세가 과세되는 부수토지의 면적은?

> ㉠ 단층 건물(30㎡) : 이 중 주택은 20㎡이고 상가는 10㎡
> ㉡ 부수토지 : 300㎡(도시지역 내에 있음)
> ㉢ 주어진 자료 외에는 고려하지 않음

① 0㎡ ② 100㎡
③ 150㎡ ④ 200㎡

20
「부가가치세법」상 매입세액 공제에 대한 설명으로 옳지 않은 것은?

① 세금계산서의 필요적 기재사항 중 일부가 착오로 사실과 다르게 적혔으나 그 세금계산서에 적힌 나머지 필요적 기재사항 또는 임의적 기재사항으로 보아 거래사실이 확인되는 경우의 매입세액은 매출세액에서 공제한다.
② 재화를 공급받고 실제로 그 재화를 공급한 사업장이 아닌 사업장을 적은 세금계산서를 발급받은 경우 그 사업장이 사업자단위 과세 사업자에 해당하는 사업장인 경우로서 그 재화를 실제로 공급한 사업자가 부가가치세 확정신고를 통하여 해당 과세기간에 대한 납부세액을 신고하고 납부하였다면 그 매입세액은 매출세액에서 공제한다.
③ 토지의 조성 등을 위한 자본적 지출에 관련된 것으로서 토지의 가치를 현실적으로 증가시켜 토지의 취득원가를 구성하는 비용에 관련된 매입세액은 매출세액에서 공제하지 아니한다.
④ 「부가가치세법」 제8조에 따른 사업자등록을 신청하기 전의 매입세액은 그 공급시기가 속하는 과세기간이 끝난 후 25일 이내에 등록을 신청한 경우에는 해당 세액을 매출세액에서 공제할 수 있다.

회계학 전공강화 동형 모의고사 3회

01

다음은 ㈜시은의 2024년 중에 발생한 원가 및 비용에 관한 자료이다. 이 자료를 이용하여 기초원가와 제조간접원가를 계산하면?

• 재료원가발생액	₩60,000
• 간접재료원가	₩15,000
• 노무원가발생액	₩15,000
• 간접노무원가	₩7,500
• 공장건물감가상각비	₩10,000
• 영업사원급여	₩12,000
• 공장수도광열비	₩7,000
• 본사비품감가상각비	₩10,500
• 공장소모품비	₩5,000
• 본사임차료	₩15,000

	기초원가	제조간접원가
①	₩75,000	₩59,500
②	₩75,000	₩97,000
③	₩52,500	₩44,500
④	₩52,500	₩52,000

02

㈜만재는 정상개별원가계산을 채택하고 있으며, 당기에 발생한 제조간접원가의 배부차이는 ₩9,000(과소배부)이다. 다음의 원가자료를 이용하여 전액 매출원가에서 배부차이를 조정하는 경우 조정 후의 매출원가는?

• 기말재공품	₩20,000
• 기말제품	₩30,000
• 매출원가	₩450,000

① ₩441,000   ② ₩441,900
③ ₩458,100   ④ ₩459,000

03

2024년 12월 31일 은행계정조정 후 ㈜세현의 장부상 정확한 당좌예금계정의 잔액은 ₩300,000이다. 이 금액은 거래은행이 보내온 2024년 12월 31일 은행계정명세서의 잔액과 차이가 있는데, 차이가 나는 원인은 다음과 같다.

- ㈜세현이 발행한 수표 ₩5,000을 거래은행이 실수로 ₩50,000으로 처리하였다.
- ㈜세현의 기발행미인출수표는 ₩37,000이다.
- 거래은행이 미처 기입하지 못한 ㈜세현의 당좌예금 입금액이 ₩10,000이다.
- ㈜아영이 발행한 수표 ₩4,000을 거래은행이 실수로 ㈜세현의 계정에서 차감하였다.

거래은행이 보내온 2024년 12월 31일 은행계정명세서의 잔액은?

① ₩261,000   ② ₩278,000
③ ₩310,000   ④ ₩322,000

04

충당부채의 인식과 관련된 설명으로 옳지 않은 것은?

① 재무제표는 미래 시점의 예상 재무상태가 아니라 보고기간 말의 재무상태를 표시하는 것이므로, 미래 영업에서 생길 원가는 충당부채로 인식하지 아니한다.
② 기업의 미래 행위(미래 사업행위)와 관련되어 존재하는 과거 사건에서 생긴 의무만을 충당부채로 인식한다.
③ 입법 예고된 법률의 세부 사항이 아직 확정되지 않은 경우에는 해당 법안대로 제정될 것이 거의 확실한(virtually certain)때에만 의무가 생긴 것으로 본다.
④ 극히 드문 경우로 신뢰성 있는 금액의 추정을 할 수 없는 때에는 부채로 인식하지 않고 우발부채로 공시한다.

05

20×1년 초 설립한 ㈜원준의 자본거래는 다음과 같다. ㈜원준의 20×1년 말 자본총액은?

- 20×1년 1월: 보통주 1,100주(주당 액면가 ₩5,000)를 액면발행하였다.
- 20×1년 3월: 자기주식 200주를 주당 ₩6,000에 매입하였다.
- 20×1년 4월: 자기주식 200주를 주당 ₩7,000에 매입하였다.
- 20×1년 5월: 3월에 구입한 자기주식 100주를 주당 ₩8,000에 처분하였다.
- 20×1년 9월: 3월에 구입한 자기주식 100주를 주당 ₩9,000에 처분하였다.

① ₩3,600,000   ② ₩4,100,000
③ ₩4,600,000   ④ ₩5,100,000

06

12월 결산법인 ㈜종현은 20X1년 12월 1일 고객에게 A제품을 ₩50,000(원가 ₩40,000)에 인도하고 현금을 수령하였으며, ㈜종현은 20X2년 3월 31일에 동 A제품을 고객으로부터 ₩54,000에 재매입할 수 있는 콜옵션을 보유하고 있다. 20X2년 3월 31일 A제품의 시장가치는 20X1년 12월 1일 예상과 동일한 ₩53,000이며, ㈜종현은 20X2년 3월 31일 콜옵션을 행사하지 않았다. 동 거래에 대한 설명으로 가장 옳지 않은 것은?

① ㈜종현은 20X1년 12월 1일 해당거래를 금융약정으로 회계처리 한다.
② ㈜종현은 20X1년 12월 31일 해당거래로 인식할 이자비용은 ₩2,000이다.
③ ㈜종현은 20X1년 12월 1일 해당거래로 인식할 금융부채는 ₩50,000이다.
④ ㈜종현은 20X2년 3월 31일 해당거래로 인식할 매출액은 ₩54,000이다.

07

㈜혜미는 A공정과 추가공정을 거쳐 두 종류의 철강을 생산하고 있다. A공정 다음에 추가공정 B를 거치면 고급 철강제품 '갑'이 생산되고, A공정 다음에 추가공정 C를 거치면 보통 철강제품 '을'이 생산된다. 2023년 1월 중 A공정의 제조원가는 ₩2,000,000이고, 추가공정 B의 제조원가는 ₩800,000이고, 추가공정 C의 제조원가는 ₩600,000이다. ㈜혜미는 1월 중에 고급 철강제품 '갑'을 400톤 생산해 톤당 ₩8,000에 판매하였고, 보통 철강제품 '을'을 600톤 생산해 톤당 ₩5,000에 판매하였다. A공정의 제조원가(결합원가)를 순실현가치법에 의해 배분하면, 보통 철강제품 '을'의 1월 중 제조원가는? (단, 판매비용은 고려하지 않는다)

① ₩1,600,000   ② ₩1,040,000
③ ₩1,760,000   ④ ₩1,440,000

08

㈜창희는 20×1년 초 ₩720,000에 구축물을 취득(내용연수 5년, 잔존가치 ₩20,000, 정액법 상각)하였으며, 내용연수 종료 시점에 이를 해체하여 원상복구해야 할 의무가 있다. 20×1년 초 복구비용의 현재가치는 ₩100,000으로 추정되며 이는 충당부채의 요건을 충족한다. 복구비용의 현재가치 계산에 적용한 할인율이 10%일 때 옳지 않은 것은? (단, 소수점 발생 시 소수점 아래 첫째자리에서 반올림한다)

① 20×1년 초 구축물의 취득원가는 ₩820,000이다.
② 20×2년 말 복구충당부채전입액(또는 이자비용)은 ₩11,000이다.
③ 20×2년 말 복구충당부채는 ₩121,000이다.
④ 20×2년 말 인식할 비용 총액은 ₩170,000이다.

09

사채의 발행 및 발행 후 회계처리에 대한 설명으로 옳지 않은 것은?

① 상각후원가로 측정하는 사채의 경우 사채발행비가 발생한다면 액면발행, 할인발행, 할증발행 등 모든 상황에서 유효이자율은 사채발행비가 발생하지 않는 경우보다 높다.
② 사채를 할증발행한 경우 사채이자비용은 현금이자지급액에 사채할증발행차금 상각액을 차감하여 인식한다.
③ 사채의 할증발행 시 유효이자율법에 의해 상각하는 경우 기간 경과에 따라 매기 인식하는 이자비용은 감소한다.
④ 사채의 할인발행 시 유효이자율법에 의해 상각하는 경우 기간 경과에 따라 매기 인식하는 할인발행차금의 상각액은 감소한다.

10
회계정책이나 회계추정치의 변경과 관련된 설명으로 옳지 않은 것은?
① 측정기준의 변경은 회계추정치의 변경이 아니라 회계정책의 변경에 해당한다.
② 유형자산에 대한 감가상각방법의 변경은 회계추정치의 변경으로 간주한다.
③ '일반적으로 인정되는 회계원칙'이 아닌 회계정책에서 '일반적으로 인정되는 회계원칙'의 회계정책으로의 변경은 오류수정이다.
④ 전진법은 재무제표의 비교가능성은 유지되지만 신뢰성이 상실된다.

11
국가회계기준에 관한 규칙에서 규정하고 있는 자산의 평가와 관련된 설명으로 옳지 않은 것은?
① 융자보조원가충당금은 융자사업에서 발생한 융자금 원금과 추정 회수가능액의 현재가치와의 차액으로 평가하며, 보증충당부채는 보증채무불이행에 따른 추정 순현금유출액의 현재가치로 평가한다.
② 재정상태표일 현재 장기 및 단기 투자증권의 신뢰성 있는 공정가치를 측정할 수 있어 당해 자산을 공정가치로 평가할 경우 장기투자증권평가손익은 순자산변동으로 회계처리하고, 단기투자증권평가손익은 재정운영표의 수익 또는 비용으로 보고한다.
③ 기부채납을 통해 무상취득한 일반유형자산의 경우에는 취득 당시의 공정가액을 취득원가로 계상하는데, 일반유형자산에 대한 사용수익권은 해당 자산의 차감항목에 표시한다.
④ 효율적인 사회기반시설 관리시스템으로 사회기반시설의 용역잠재력이 취득 당시와 같은 수준으로 유지된다는 것이 객관적으로 증명되는 경우에 사회기반시설 중 관리·유지 노력에 따라 취득 당시의 용역잠재력을 그대로 유지할 수 있는 시설에 대해서는 감가상각을 하지 않고, 관리·유지에 투입되는 비용으로 감가상각비용을 대체할 수 있다.

12
토지에 대해 재평가모형을 적용하고 있는 ㈜다래는 20X1년 초 영업에 사용할 목적으로 토지를 ₩500,000에 구입하였다. 20X1년 말 토지의 공정가치는 ₩600,000이었으며, 20X2년 말의 공정가치는 ₩520,000이었다. 특히 20X2년 말에는 토지의 순공정가치와 사용가치가 각각 ₩450,000과 ₩470,000으로 토지에 손상이 발생하였다고 판단하였다. 이 토지와 관련하여 ㈜다래가 20X2년도에 손상차손(당기손익)으로 인식할 금액은?
① ₩50,000 ② ₩60,000
③ ₩70,000 ④ ₩30,000

13
㈜대희는 재고자산에 대해 계속기록법과 가중평균법을 적용한다. 다음 자료를 이용하여 계산한 ㈜대희의 매출원가는?

일자	내역	수량	단가
1월 1일	기초재고	150개	₩10
2월 1일	매입	150개	₩12
3월 1일	매출	100개	
6월 1일	매입	200개	₩15
9월 1일	매출	250개	
12월 31일	기말재고	150개	

① ₩4,350 ② ₩4,550
③ ₩4,800 ④ ₩5,000

14
㈜지은의 손익분기점매출액이 ₩100,000,000, 고정비는 ₩40,000,000, 단위당 변동비는 ₩750일 때, 단위당 판매가격은?
① ₩1,500 ② ₩1,250
③ ₩1,000 ④ ₩2,000

15

㈜석원은 ㈜주연을 합병하고 합병대가로 ₩20,000,000의 현금을 지급하였다. 합병 시점의 ㈜주연의 재무상태표상 자산총액은 ₩15,000,000이고 부채총액은 ₩9,000,000이다. ㈜주연의 재무상태표상 장부가치는 토지를 제외하고는 공정가치와 같다. 토지는 장부상 ₩5,000,000으로 기록되어 있으나, 공정가치는 합병 시점에 ₩15,000,000인 것으로 평가되었다. 토지 등기이전비용으로 ₩1,000,000이 지출되었다면 이 합병으로 ㈜석원이 영업권으로 계상하여야 할 금액은?

① ₩1,000,000 ② ₩4,000,000
③ ₩9,000,000 ④ ₩10,000,000

16

㈜재현은 20×1년 초 ㈜지연으로부터 토지(공정가치 ₩600,000, ㈜지연의 장부금액 ₩500,000)와 기계장치(공정가치 ₩400,000, ㈜지연의 장부금액 ₩500,000)를 ₩950,000에 일괄 구입하였다. 또한, ㈜재현은 20×1년 초에 동 기계장치 취득을 위하여 불가피하게 공정가치 ₩70,000의 채권을 ₩85,000에 구입하였다. 기계장치의 취득원가는 얼마인가?

① ₩320,000 ② ₩335,000
③ ₩375,000 ④ ₩395,000

17

㈜상아의 기말수정사항이 다음과 같을 때, 기말수정분개가 미치는 영향에 대한 설명으로 옳지 않은 것은? (단, 법인세는 무시한다)

- 4월 1일 1년간의 임차료 ₩120,000을 현금으로 지급하면서 전액을 임차료로 기록하였다.
- 12월에 급여 ₩20,000이 발생되었으나, 기말 현재 미지급 상태이다.

① 수정후시산표의 차변합계가 ₩20,000만큼 증가한다.
② 당기순이익이 ₩10,000만큼 증가한다.
③ 자산총액이 ₩30,000만큼 증가한다.
④ 부채총액이 ₩20,000만큼 감소한다.

18

㈜은주는 20×1년 4월 1일 상품을 판매하고 약속어음(액면금액 ₩100,000, 이자율 연 8%, 만기 9개월)을 수취하였다. ㈜은주가 어음을 3개월간 보유한 후 거래은행에 연 10%의 이자율로 할인하였을 경우, 어음의 보유 및 처분이 20×1년 당기순이익에 미치는 영향은? (단, 어음의 할인은 월할 계산하며 위험과 보상의 대부분을 이전하였다고 가정한다.)

① ₩700 감소 ② ₩1,400 감소
③ ₩700 증가 ④ ₩1,400 증가

19

다음은 어느 지방자치단체의 재정운영표 내용이다. 재정운영순원가는?

사업총원가	₩117,000	사업수익	₩52,000
관리운영비	₩65,000	비배분비용	₩47,000
비배분수익	₩38,000	사업순원가	₩65,000

① ₩106,000 ② ₩115,000
③ ₩139,000 ④ ₩152,000

20

㈜장호는 현재 당좌자산 ₩1,500, 재고자산 ₩1,000, 유동부채 ₩1,000을 보유하고 있다. 다음 거래를 추가하여 반영할 경우 당좌비율과 유동비율은? (단, 유동자산은 당좌자산과 재고자산으로만 구성된다.)

- 매출채권 ₩200을 현금회수한다.
- 상품 ₩500을 외상으로 취득한다.

	당좌비율	유동비율		당좌비율	유동비율
①	100%	200%	②	120%	200%
③	180%	150%	④	180%	180%

세법 전공강화 동형 모의고사 3회

01
다음 중 「부가가치세법」상 납세의무자에 해당하는 것은?

① 농민이 소득세가 과세되지 아니한 농가부업(축산·어로·양어·고공품 제조)을 하는 경우
② 농민이 자기농지의 개량작업 과정에서 생긴 토사석을 일시적으로 판매하는 경우
③ 개인 또는 면세사업자가 우발적 또는 일시적으로 재화 또는 용역을 공급하는 경우
④ 청산 중인 내국법인이 사실상 사업을 계속하는 경우

02
다음 중 「국세징수법」상 강제징수에 대한 설명으로 옳지 않은 것은?

① 관할 세무서장은 납부, 충당, 국세 부과의 취소나 그 밖의 사유로 교부를 청구한 체납액의 납부의무가 소멸된 경우 그 교부청구를 해제하여야 한다.
② 관할 세무서장은 재산을 공매하여도 매수신청인이 없거나 매수신청가격이 공매예정가격 미만인 경우 또는 납부를 촉구하여도 매수인이 매수대금을 지정된 기한까지 납부하지 아니하여 매각결정을 취소한 경우에는 재공매를 한다.
③ 관할 세무서장은 「주식·사채 등의 전자등록에 관한 법률」 제2조제4호에 따른 전자등록주식등을 압류하려는 경우로서 체납자가 「주식·사채 등의 전자등록에 관한 법률」 제23조제1항에 따른 계좌관리기관등인 경우에는 전자등록기관에게 압류 통지서를 통지하여야 한다.
④ 전자등록주식등 압류의 효력은 그 압류 통지서를 「국세징수법」 제56조의3 제1항 각 호의 구분에 따른 자에게 발송한 때에 발생한다.

03
「국세징수법」상 강제징수에 대한 설명으로 옳지 않은 것은?

① 관할 세무서장은 납세자가 독촉 또는 납부기한 전 징수의 고지를 받고 지정된 기한까지 국세 또는 체납액을 완납하지 아니한 경우 재산의 압류(교부청구·참가압류를 포함), 압류재산의 매각·추심 및 청산의 절차에 따라 강제징수를 한다.
② 관할 세무서장은 강제징수를 할 때 납세자가 국세의 징수를 피하기 위하여 한 재산의 처분이나 그 밖에 재산권을 목적으로 한 법률행위에 대하여 「신탁법」 제8조 및 「민법」 제406조·제407조를 준용하여 사해행위의 취소 및 원상회복을 법원에 청구할 수 있다.
③ 관할 세무서장은 재판상의 가압류 또는 가처분 재산이 강제징수 대상인 경우에도 강제징수를 한다.
④ 체납자의 재산에 대하여 강제징수를 시작한 후 체납자가 사망하였거나 체납자인 법인이 합병으로 소멸된 경우 그 재산에 대한 강제징수는 계속 진행하지 아니한다.

04
「상속세및증여세법」의 납부에 대한 설명으로 옳지 않은 것은?

① 상속세 또는 증여세를 신고하는 자는 각 신고기한까지 세액을 납세지 관할 세무서, 한국은행 또는 우체국에 납부하여야 한다.
② 납부할 금액이 1천만 원을 초과하는 경우에는 대통령령으로 정하는 바에 따라 그 납부할 금액의 일부를 납부기한이 지난 후 2개월 이내에 분할납부할 수 있다. 다만, 연부연납을 허가받은 경우에는 그러하지 아니하다.
③ 납세지 관할세무서장은 상속세 납부세액이나 증여세 납부세액이 2천만 원을 초과하는 경우에는 대통령령으로 정하는 방법에 따라 납세의무자의 신청을 받아 연부연납을 허가할 수 있다. 이 경우 납세의무자는 담보를 제공하여야 하며, 「국세징수법」 제18조제1항제1호부터 제4호까지의 규정에 따른 납세담보를 제공하여 연부연납 허가를 신청하는 경우에는 그 신청일에 연부연납을 허가받은 것으로 본다.
④ 가업상속공제를 받은 경우 또는 사립유치원 등이 아닌 상속재산의 경우 연부연납 기간은 연부연납 허가일부터 5년 이내로 한다.

05

다음 자료를 이용하여 과세사업자 ㈜다연의 2024년 제2기 예정신고기간(2024.7.1.~2024.9.30.)의 부가가치세 과세표준을 계산한 것으로 옳은 것은?(단, 아래에 제시된 금액들은 부가가치세를 포함하지 아니한 것이다.)

(1) 7월 31일 : 상품을 10,000,000원에 판매하였는데, 그 대금은 7월 말일부터 매월 말일에 1,000,000원씩 10회 받기로 하였다.
(2) 8월 10일 : 제품을 10,000,000원에 주문생산판매하기로 하였는데 그 대금은 ① 계약 시 10%, ② 30% 완성 시 40%, ③ 70% 완성 시 30%, ④ 인도 시 20%를 받기로 하였다. 9월 말일 현재 생산의 완성도는 30%이다.
(3) 8월 20일 : 사업용 부동산을 10,000,000원(건물가액 7,000,000원, 토지가액 3,000,000원)에 양도하기로 계약하였다. 대금은 8월 20일에 1,000,000원, 10월 20일에 4,000,000원, 12월 20일에 5,000,000원을 받기로 하였으며, 부동산은 12월 20일에 양도하기로 했다.
(4) 9월 30일 : 상품을 1,000,000원에 판매하기로 계약하고 계약금 200,000원을 수령하였으며, 수령한 대가에 대하여 세금계산서를 발급하였다. 상품은 12월 10일에 인도되었다.
(5) 미국의 거래처 B에 제품을 직수출하기 위하여 9월 23일 선적하였다.(9월 1일 수출대금 $50,000 중 $10,000을 수령하여 9월 2일 10,000,000원에 환가하였고, 잔액은 9월 30일에 수령함.)

기준환율 : 9월 1일 1,050원/$ / 9월 23일 1,100원/$
9월 30일 1,120원/$

① 14,900,000원 ② 69,200,000원
③ 69,900,000원 ④ 70,200,000원

06

다음은 「부가가치세법」상 세금계산서 관련 가산세이다. ㉠,㉡,㉢,㉣의 합계는 얼마인가?

㉠ 사업자가 재화 또는 용역을 공급받고 실제로 재화 또는 용역을 공급하는 자가 아닌 자의 명의로 세금계산서를 발급받은 경우 : (㉠)%
㉡ 사업자가 발급한 세금계산서의 필요적 기재사항의 전부 또는 일부가 착오 또는 과실로 적혀 있지 아니하거나 사실과 다른 경우 : (㉡)%
㉢ 재화 또는 용역을 공급받지 아니하고 세금계산서를 발급받은 경우 : (㉢)%
㉣ 세금계산서의 발급시기를 경과한 후 해당 재화 또는 용역의 공급시기가 속하는 과세기간의 확정신고기한 이내에 발급하는 경우 : (㉣)%

① 4 ② 5
③ 6 ④ 7

07

보세구역 내에서 제조업을 영위하고 있는 일반과세자인 甲은 외국에서 수입(輸入)한 원재료로 생산한 제품을 보세구역 밖에서 사업을 하고 있는 乙에게 80,000,000원(공급가액)에 공급하였다. 수입한 원재료의 관세의 과세가격은 40,000,000원이고, 관세 10,000,000원, 개별소비세 8,000,000원, 교육세 1,000,000원, 농어촌특별세 1,000,000원이 과세된다고 가정할 때 세관장이 징수할 부가가치세와 甲이 거래징수할 부가가치세는 각각 얼마인가?(乙이 그 재화를 보세구역으로부터 반입하는 경우라고 가정함)

	세관장이 징수할 부가가치세	甲이 거래징수할 부가가치세
①	5,000,000원	3,000,000원
②	4,000,000원	8,000,000원
③	6,000,000원	2,000,000원
④	6,000,000원	8,000,000원

08

「국세기본법」의 기간과 기한에 대한 설명으로 옳은 것은?

① 「국세기본법」 또는 세법에서 규정하는 신고, 신청, 청구, 그 밖에 서류의 제출, 통지, 납부 또는 징수에 관한 기한이 토요일 및 일요일에 해당하는 경우에는 그 다음날을 기한으로 한다.
② 행정기관의 장은 「국세기본법」 제6조에 따라 기한을 연장하였을 때에는 문서로 지체 없이 관계인에게 통지하여야 하며, 납세자가 기한연장을 신청한 경우에는 기한 만료일 3일 전까지 그 승인 여부를 통지하여야 한다.
③ 「국세기본법」 또는 세법에서 규정하는 신고기한 만료일 또는 납부기한 만료일에 국세정보통신망이 대통령령으로 정하는 장애로 가동이 정지되어 전자신고나 전자납부를 할 수 없는 경우에는 그 장애가 복구되어 신고 또는 납부할 수 있게 된 날을 기한으로 한다.
④ 「국세기본법」 또는 세법에서 규정하는 신고, 신청, 청구, 그 밖에 서류의 제출, 통지, 납부 또는 징수에 관한 기한이 대체공휴일에 해당하는 경우에는 해당 대체공휴일을 기한으로 한다.

09

「국세기본법」의 수정신고 및 경정청구에 대한 설명으로 옳지 않은 것은?

① 결정 또는 경정의 청구를 한 자가 2개월 이내에 아무런 통지를 받지 못한 경우에는 통지를 받기 전이라도 그 2개월이 되는 날의 다음 날부터 이의신청, 심사청구, 심판청구 또는 감사원법에 따른 심사청구를 할 수 있다.
② 결정 또는 경정의 청구를 받은 세무서장은 그 청구를 받은 날부터 2개월 이내에 과세표준 및 세액을 결정 또는 경정하거나 결정 또는 경정하여야 할 이유가 없다는 뜻을 그 청구를 한 자에게 통지하여야 한다.
③ 과세표준신고서를 법정신고기한까지 제출한 자 및 기한후과세표준신고서를 제출한 자는 과세표준신고서 또는 기한후과세표준신고서에 기재된 과세표준 및 세액이 세법에 따라 신고하여야 할 과세표준 및 세액에 미치지 못할 때에는 관할 세무서장이 각 세법에 따라 해당 국세의 과세표준과 세액을 결정 또는 경정하여 통지하기 전으로서 제척 기간이 끝나기 전까지 과세표준수정신고서를 제출할 수 있다.
④ 과세표준신고서 또는 기한후과세표준신고서에 기재된 결손금액 또는 환급세액(각 세법에 따라 결정 또는 경정이 있는 경우에는 해당 결정 또는 경정 후의 결손금액 또는 환급세액을 말한다)이 세법에 따라 신고하여야 할 결손금액 또는 환급세액에 미치지 못할 때에는 최초신고 및 수정신고한 국세의 과세표준 및 세액의 결정 또는 경정을 법정신고기한이 지난 후 5년 이내에 관할 세무서장에게 청구할 수 있다. 다만, 결정 또는 경정으로 인하여 증가된 과세표준 및 세액에 대하여는 해당 처분이 있음을 안 날(처분의 통지를 받은 때에는 그 받은 날)부터 3개월 이내(법정신고기한이 지난 후 5년 이내로 한정함)에 경정을 청구할 수 있다.

10
「국세기본법」의 조세채권간 상호관계 및 국세우선권에 대한 설명으로 옳지 않은 것은?

① 납세담보물을 매각하였을 때에는 제36조(압류에 의한 우선)에도 불구하고 그 국세 및 강제징수비는 매각대금 중에서 다른 국세 및 강제징수비와 지방세에 우선하여 징수한다.
② 지방세 체납처분에 의하여 납세자의 재산을 압류한 경우에 국세 및 강제징수비의 교부청구가 있으면 교부청구된 국세 및 강제징수비는 압류에 관계되는 지방세의 다음 순위로 징수한다.
③ 국세 강제징수에 따라 납세자의 재산을 압류한 경우에 다른 국세 및 강제징수비 또는 지방세의 교부청구(「국세징수법」 제61조 또는 「지방세징수법」 제67조에 따라 참가압류를 한 경우를 포함)가 있으면 압류와 관계되는 국세 및 강제징수비는 교부청구된 다른 국세 및 강제징수비 또는 지방세보다 우선하여 징수한다.
④ 법정기일 후에 가등기를 마친 사실이 증명되는 재산을 매각하여 그 매각금액에서 국세를 징수하는 경우 그 재산을 압류한 날 이후에 그 가등기에 따른 본등기가 이루어진 경우에는 그 국세는 그 가등기에 의해 담보된 채권보다 우선하지 아니한다.

11
「국세기본법」상 가산세에 대한 설명으로 옳지 않은 것은?

① 소득세, 법인세 및 부가가치세의 과세기간을 잘못 적용하여 신고납부한 경우에는 납부지연가산세를 적용할 때 실제 신고납부한 날에 실제 신고납부한 금액의 범위에서 당초 신고납부하였어야 할 과세기간에 대한 국세를 자진납부한 것으로 본다. 단, 해당 국세의 신고가 부정무신고 또는 부정과소신고·초과환급신고에 해당하는 경우에는 적용하지 아니한다.
② 중간예납, 예정신고납부 및 중간신고납부와 관련하여 납부지연가산세가 부과되는 부분에 대해서는 확정신고납부와 관련하여 납부지연가산세를 부과하지 아니한다.
③ 납부지연가산세 및 원천징수 등 납부지연가산세의 미납일수 계산 시 납부고지서에 따른 납부기한의 다음 날부터 납부일까지의 기간(지정납부기한과 독촉장에서 정하는 기한을 연장한 경우 그 연장기간을 포함)이 5년을 초과하는 경우 그 기간은 5년으로 한다.
④ 「공익사업을 위한 토지 등의 취득 및 보상에 관한 법률」에 따른 토지등의 수용 또는 사용, 「국토의 계획 및 이용에 관한 법률」에 따른 도시·군계획 또는 그 밖의 법령 등으로 인해 세법상 의무를 이행할 수 없게 된 경우에는 가산세를 부과하지 아니한다.

12
「국세기본법」상 세무공무원이 세무조사 시 같은 세목 및 같은 과세기간에 대하여 재조사를 할 수 있는 경우에 해당하지 않는 것은?

① 과세관청 외의 기관이 직무상 목적을 위해 작성하거나 취득해 과세관청에 제공한 자료의 처리를 위해 조사하는 경우
② 납세자가 장부·서류 등을 은닉하거나 제출을 지연하거나 거부하는 등 조사를 기피하는 행위가 명백한 경우
③ 2개 이상의 사업연도와 관련하여 잘못이 있는 경우
④ 불복청구에 이유가 있다고 인정되어 필요한 처분의 결정에 따라 재조사하는 경우

13
다음 「법인세법」상 옳지 않은 것으로만 묶어진 것은?

㉠ 내국법인은 국내에 본점, 주사무소 또는 사업의 실질적 관리장소가 있는 법인이다.
㉡ 연결법인은 각 연결사업연도의 소득에 대한 법인세(토지 등 양도소득에 대한 법인세 및 「조세특례제한법」에 따른 투자·상생협력 촉진을 위한 과세특례를 적용하여 계산한 법인세를 포함)를 연대하여 납부할 의무가 있다.
㉢ 법인세 과세표준의 신고는 각 사업연도 종료일로부터 3개월 이내에 하여야 한다.
㉣ 영리목적 유무에 불구하고 모든 내국법인은 청산소득에 대하여 법인세 납세의무가 있다.
㉤ 비영리내국법인도 법령이 정한 수익사업에 대하여는 각 사업연도소득에 대한 법인세 납세의무가 있다.
㉥ 법인이 법령이 정하는 비사업용 토지를 양도한 경우에는 각 사업연도소득에 대한 법인세에 추가하여 토지 등 양도소득에 대한 법인세를 납부하여야 한다.

① ㉠, ㉢, ㉣
② ㉡, ㉢, ㉥
③ ㉢, ㉣, ㉤
④ ㉢, ㉣

14

「법인세법」상 외국법인의 국내사업장에 관한 설명으로 옳지 않은 것은?

① 외국법인이 국내에 사업의 전부를 수행하는 고정된 장소를 가지고 있는 경우에는 국내사업장이 있는 것으로 한다.
② 외국법인이 자산의 단순한 구입만을 위하여 사용하는 일정한 장소는 국내사업장에 포함되지 아니한다.
③ 외국법인이 국내사업장을 가지고 있지 아니한 경우에도 국내에 자기를 위하여 계약을 체결할 권한을 가지고 그 권한을 반복적으로 행사하는 자를 두고 사업을 영위하는 경우에는 그자의 사업장소재지(사업장이 없는 경우에는 주소지로 하고, 주소지가 없는 경우에는 거소지)에 국내사업장을 둔 것으로 본다.
④ 외국법인이 국내에서 사업의 일부를 수행하는 작업장·공장 또는 창고를 가지고 있는 경우에는 국내사업장이 없는 것으로 본다.

15

영리내국법인 ㈜혜미의 제24기 사업연도(2024.1.1.~2024.12.31.) 기계장치에 관한 자료이다. 제24기 사업연도부터 감가상각 방법을 정률법에서 정액법으로 변경할 경우 제24기 기계장치의 감가상각 범위액은 얼마인가?

㉠ 취득일자 : 2022년 5월 8일
㉡ 재무상태표상 취득원가 : 100,000,000원
㉢ 전기말 감가상각누계액 : 48,000,000원
㉣ 전기말 감가상각비 부인누계액 : 3,000,000원
㉤ 기계장치 신고 내용연수 : 8년
㉥ 내용연수에 따른 상각률

내용연수	정액법	정률법
6년	0.166	0.394
8년	0.125	0.313

㉦ ㈜혜미는 한국채택국제회계기준을 적용하지 않으며, 감가상각방법의 변경은 적법하게 이루어졌다.

① 6,500,000원 ② 6,875,000원
③ 7,500,000원 ④ 9,130,000원

16

「소득세법」상 신고에 대한 설명으로 옳지 않은 것은?

① 근로소득과 퇴직소득만 있는 자는 과세표준확정신고를 하지 아니할 수 있다.
② 거주자가 사망한 경우 그 상속인은 그 상속개시일이 속하는 달의 말일부터 3개월이 되는 날(이 기간 중 상속인이 출국하는 경우에는 출국일 전날)까지 사망일이 속하는 과세기간에 대한 그 거주자의 과세표준을 납세지 관할 세무서장에게 신고하여야 한다.
③ 종합소득금액이 있는 거주자(종합소득 과세표준이 없거나 결손금이 있는 거주자를 포함)는 종합소득 과세표준을 그 과세기간의 다음 연도 5월 1일부터 5월 31일까지(성실신고 확인 대상 사업자가 성실신고확인서를 제출하는 경우에는 6월 30일까지) 납세지 관할세무서장에게 신고하여야 한다.
④ 부동산매매업자는 토지 등의 매매차익(매매차익이 없거나 매매차손이 발생한 경우 포함)과 그 세액을 매매일이 속하는 달의 말일부터 2개월이 되는 날까지 납세지 관할 세무서장에게 신고하여야 한다.

17

법인세법령상 내국법인의 각 사업연도 소득에 대한 비과세 및 소득공제에 대한 설명으로 옳은 것은?

① 내국법인(간접투자회사등은 제외)이 해당 법인이 출자한 외국자회사(내국법인이 의결권 있는 발행주식총수 또는 출자총액의 100분의 10(「조세특례제한법」 제22조에 따른 해외자원개발사업을 하는 외국법인의 경우에는 100분의 5) 이상을 출자하고 있는 외국법인으로서 대통령령으로 정하는 요건을 갖춘 법인)로부터 받은 이익의 배당금 또는 잉여금의 분배금과 의제배당을 합한 수입배당금액의 100분의 90에 해당하는 금액은 각 사업연도의 소득금액을 계산할 때 익금에 산입하지 아니한다.
② 「기업구조조정투자회사법」에 따른 기업구조조정투자회사가 법령으로 정하는 배당가능이익의 100분의 90 이상을 배당한 경우 그 금액은 해당 배당을 결의한 잉여금 처분의 대상이 되는 사업연도의 소득금액에서 공제한다.
③ 배당을 받은 주주등에 대하여 「법인세법」 또는 「조세특례제한법」에 따라 그 배당에 대한 소득세 또는 법인세가 비과세되는 경우에는 유동화전문회사 등의 소득공제 규정을 적용한다.
④ 공익신탁의 신탁재산에서 생기는 소득에 대하여는 각 사업연도 소득에 대한 법인세를 과세한다.

18

다음은 제조업을 영위하는 거주자 A의 2024년 손익계산서에 반영된 내용이다. 2024년의 사업소득 총수입금액은 얼마인가?

- ㉠ 총매출액 120,000,000원
- ㉡ 거래상대방으로부터 받은 판매장려금 5,000,000원
- ㉢ 운영자금의 예치로 인한 이자수익 7,000,000원
- ㉣ 공장건물의 화재로 인한 보험차익 1,400,000원
- ㉤ 대표자의 급여로 비용처리 한 금액 1,500,000원
- ㉥ 사업과 관련하여 기증받은 컴퓨터 2,000,000원
- ㉦ 사업운영자금으로 가입한 저축성 보험의 보험차익 2,000,000원

① 125,000,000원
② 126,400,000원
③ 128,400,000원
④ 130,400,000원

19

「소득세법」상 기타소득에 관한 설명으로 옳지 않은 것은?

① 「전자상거래 등에서의 소비자보호에 관한 법률」에 따라 통신판매중개를 하는 자를 통하여 물품 또는 장소를 대여하고 사용료로서 받은 금품으로서 연간 수입금액 500만 원인 경우에는 기타소득으로 과세한다.
② 유가증권을 일시적으로 대여하고 사용료로서 받은 금품은 기타소득에 해당한다.
③ 계약의 위약 또는 해약으로 인하여 받는 위약금과 배상금 중 주택입주 지체상금의 필요경비 산입액은 거주자가 받은 금액의 100분의 80에 상당하는 금액과 실제 소요된 필요경비 중 적은 금액으로 한다.
④ 한국마사회법에 따른 승마투표권의 구매자가 받는 환급금에 대해서는 그 구매자가 구입한 적중된 투표권의 단위투표금액을 필요경비로 한다.

20

다음 중 종합소득과세표준 확정신고를 반드시 하여야 하는 자는 총 몇 명인가? (단, 원천징수 및 연말정산 대상 소득에 대해서는 적법하게 원천징수와 연말정산이 이루어졌으며, 모든 금액은 원천징수세액을 차감하기 전 금액이다. 또한 아래 금액 중 과세 제외되거나 비과세되는 소득은 없다.)

- ㉠ 내국법인으로부터 받은 총급여(일반근로소득) 50,000,000원과 출자공동사업에 대한 손익분배금에 해당되는 배당소득이 1,000,000원이 있는 자
- ㉡ 내국법인으로부터 받은 퇴직급여 50,000,000원과 사적연금 수령액 10,000,000원이 있는 자
- ㉢ 내국법인으로부터 받은 일용근로소득 2,000,000원과 공적연금 수령액 30,000,000원이 있는 자
- ㉣ 공적연금 수령액 10,000,000원과 외국법인으로부터 받은 현금배당(국내에서 원천징수 되지 않음) 10,000,000원이 있는 자
- ㉤ 공적연금 수령액 40,000,000원과 상가임대료 수입 10,000,000원이 있는 자
- ㉥ 국내은행 정기예금이자 15,000,000원과 고용관계 없이 다수인에게 강연하고 받은 강연료(기타소득에 해당) 10,000,000원이 있는 자

① 3명
② 4명
③ 5명
④ 6명

회계학 전공강화 동형 모의고사 4회

01
㈜상아의 법인세비용차감전순이익은 ₩244,000이다. 다음 사항을 고려할 때 현금흐름표에 영업활동현금흐름으로 표시할 금액은? (단, 이자수익과 이자비용 및 법인세지급은 모두 영업활동으로 분류한다)

- 사채상환손실   ₩10,000
- 이자수익   ₩10,000
- 단기차입금 증가액   ₩2,000
- 미수이자수익 감소액   ₩6,000
- 매출채권 감소액   ₩8,000
- 재고자산 증가액   ₩14,000
- 법인세지급액   ₩12,000
- 매입채무 증가액   ₩5,000
- 미지급법인세 감소액   ₩3,000
- FVOCI 금융자산평가이익 ₩4,000

① ₩227,000   ② ₩247,000
③ ₩259,000   ④ ₩270,000

02
다음은 2024년 12월 31일 현재 ㈜원준이 보유하고 있는 항목들이다. ㈜원준이 2024년 12월 31일의 재무상태표에 현금 및 현금성자산으로 표시할 금액은?

- 지급기일이 도래한 공채이자표 ₩5,000
- 당좌거래개설보증금 ₩3,000
- 당좌차월 ₩1,000
- 수입인지 ₩4,000
- 선일자수표(2025년 3월 1일 이후 통용) ₩2,000
- 지폐와 동전 합계 ₩50,000
- 2024년 12월 20일에 취득한 만기 2025년 2월 20일인 양도성예금증서 ₩2,000
- 2024년 10월 1일에 취득한 만기 2025년 3월 31일인 환매채 ₩1,000

① ₩56,000   ② ₩57,000
③ ₩58,000   ④ ₩59,000

03
유형자산의 회계처리에 대한 설명으로 옳지 않은 것은?

① 주식을 발행하여 유형자산을 취득하는 경우 해당 주식의 발행가액이 액면가액 이상이면 액면가액에 해당되는 금액은 자본금으로, 액면가액을 초과하는 금액은 주식발행초과금으로 계상한다.
② 취득한 기계장치에 대한 취득세와 등록세 및 취득기간 중 발생된 운송보험료는 기계장치의 취득원가에 포함하여 감가상각한다.
③ 건설회사가 보유하고 있는 중장비의 주요 구성부품(예를 들면 궤도, 엔진, 굴삭기에 부착된 삽 등)의 내용연수와 경제적 효익의 소비행태가 다르다면, 해당 구성부품은 별도의 자산으로 계상하고 감가상각할 수 있다.
④ 경영진이 의도한 방식으로 유형자산을 가동할 수 있는 장소와 상태에 이르게 하는 동안에 재화(예: 자산이 정상적으로 작동되는지를 시험할 때 생산되는 시제품)가 생산될 경우 그러한 재화를 판매하여 얻은 매각금액과 그 재화의 원가는 유형자산 취득원가에서 차감한다.

04
㈜아영의 최근 2년간 생산량과 총제품제조원가는 다음과 같다. 2년간 고정원가와 단위당 변동원가는 변화가 없었다. 2024년도에 고정원가는 10% 감소하고 단위당 변동원가가 20% 증가하면, 생산량이 200개일 때 총제품제조원가는?

연 도	생산량	총제품제조원가
2022	100개	₩30,000
2023	300개	₩60,000

① ₩55,500   ② ₩51,500
③ ₩49,500   ④ ₩42,500

05

지방자치단체 회계기준에 관한 규칙에서 규정하고 있는 자산 분류를 나타낸 것으로 옳은 것은?

① 유동자산 : 현금 및 현금성자산, 단기금융상품, 미수세외수입금, 지방채증권 등
② 투자자산 : 장기금융상품, 장기대여금, 장기투자증권, 보증금 등
③ 주민편의시설 : 주차장, 도로, 공원 등
④ 사회기반시설 : 상수도시설, 수질정화시설, 하천부속시설 등

06

「국가회계기준에 관한 규칙」에 대한 설명으로 옳지 않은 것은?

① 재무제표는 재정상태표, 재정운영표, 순자산변동표로 구성하되 재무제표에 대한 주석을 포함한다.
② 현재 세대와 미래 세대를 위하여 정부가 영구히 보존하여야 할 자산으로서 역사적, 자연적, 문화적, 교육적 및 예술적으로 중요한 가치를 갖는 자산(유산자산)은 자산으로 인식하지 아니하고 그 종류와 현황 등을 필수보충정보로 공시한다.
③ 국채의 액면가액과 발행가액의 차이는 국채할인(할증)발행차금 과목으로 액면가액에 빼거나 더하는 형식으로 표시하며, 그 할인(할증)발행차금은 발행한 때부터 최종 상환할 때까지의 기간에 정액으로 상각 또는 환입하여 국채에 대한 이자비용에 더하거나 뺀다.
④ 사회기반시설 중 관리·유지 노력에 따라 취득 당시의 용역 잠재력을 그대로 유지할 수 있는 시설에 대해서는 감가상각하지 아니하고 관리·유지에 투입되는 비용으로 감가상각비용을 대체할 수 있다.

07

무형자산의 인식에 대한 설명으로 옳은 것은?

① 내부 프로젝트의 연구 단계에 대한 지출은 자산의 요건을 충족하는지를 합리적으로 판단하여 무형자산으로 인식할 수 있다.
② 컴퓨터로 제어되는 기계장치가 특정 컴퓨터소프트웨어가 없으면 가동이 불가능한 경우에는 그 소프트웨어를 관련된 하드웨어의 일부로 보아 유형자산으로 회계처리한다.
③ 무형자산의 취득원가는 취득일의 공정가치로 인식하고, 내부적으로 창출한 영업권은 무형자산으로 인식하지 아니한다.
④ 내부적으로 창출한 브랜드, 출판표제, 고객 목록과 이와 실질이 유사한 항목은 무형자산으로 인식한다.

08

㈜종현은 2023년 12월 31일 ㈜석원의 의결권주식의 30%(30주)를 ₩30,000에 취득하여 중대한 영향력을 행사하게 되었다. 취득 당시 ㈜석원의 자산과 부채의 장부가액은 공정가치와 일치하였으며 투자차액은 없었다. ㈜석원은 2024년 8월 20일 중간배당금으로 현금 ₩20,000을 지급하였다. ㈜석원의 2024년도 순자산변동은 당기순이익 ₩40,000과 FVOCI금융자산평가손실 ₩10,000에 의해 발생하였다. ㈜종현의 2024년도 지분법이익과 2024년 말 관계기업주식은?
[단, ㈜종현과 ㈜석원의 결산일은 12월 31일이다]

	지분법 이익	관계기업 주식
①	₩8,000	₩24,000
②	₩12,000	₩28,000
③	₩12,000	₩36,000
④	₩12,000	₩33,000

09

㈜세현은 A 투자안과 B 투자안 중에서 원가구조가 이익에 미치는 영향을 고려하여 하나의 투자안을 선택하고자 한다. 두 투자안의 예상 판매량은 각 100단위이고, 매출액 등의 자료가 다음과 같을 때, 두 투자안에 대한 비교 설명으로 옳은 것은?

	A 투자안	B 투자안
매출액	₩20,000	₩20,000
변동비	₩12,000	₩10,000
고정비	₩4,000	₩6,000
영업이익	₩4,000	₩4,000

① A 투자안의 변동비율이 B 투자안의 변동비율보다 작다.
② A 투자안의 단위당 공헌이익이 B 투자안의 단위당 공헌이익보다 크다.
③ A 투자안의 손익분기점 판매량이 B 투자안의 손익분기점 판매량보다 적다.
④ A 투자안의 안전한계는 B 투자안의 안전한계보다 작다.

10

㈜재현은 20×1년 12월 15일에 공정가치가 ₩10,000인 채무상품을 ㈜창희로부터 매입하고 기타포괄손익-공정가치(FVOCI)로 측정하였으며, 동 채무상품은 취득시 신용이 손상되어 있는 금융자산으로 보지 아니하였다. 20×1년 12월 31일 동 채무상품의 공정가치가 ₩9,500으로 하락하였다. ㈜재현은 동 채무상품에 대해 최초인식 후에 신용위험이 유의적으로 증가하지 않았다고 판단하고 12개월 기대신용 손실에 해당하는 금액인 ₩200으로 기대신용손실을 측정하였다. ㈜재현은 20×2년 1월 1일 동 채무상품을 그 시점의 공정가치인 ₩9,500에 처분하였다. 동 채무상품의 처분이 ㈜재현의 20×2년 당기순이익에 미치는 영향을 계산하시오. (단, 취득시점에서 표시이자율과 시장이자율은 같은 것으로 가정한다.)

① ₩200 감소   ② ₩300 감소
③ ₩400 감소   ④ ₩500 감소

11

㈜지연은 20×1년 1월 1일에 기계장치(내용연수 5년, 잔존가치 ₩10,000)를 ₩150,000에 취득하여 정률법(상각률 40%)으로 상각해 왔다. ㈜지연은 20×3년 초에 동 기계장치에 대해서 잔존내용연수가 1년 연장되었다고 판단하였으며, 상각방법은 정액법으로 변경하였다. ㈜지연의 20×3년 감가상각비를 계산하시오. (단, 추정치의 변경은 모두 정당한 회계변경으로 가정한다.)

① ₩8,000   ② ₩8,800
③ ₩10,000   ④ ₩11,000

12

보조부문원가 배부 방법에 대한 설명으로 옳지 않은 것은?

① 상호배부법은 연립방정식을 이용하여 보조부문 간의 용역제공 비율을 정확하게 고려해서 배부하는 방법이다.
② 단계배부법은 보조부문원가의 배부순서를 적절하게 결정할 경우 직접배부법보다 정확하게 원가를 배부할 수 있다.
③ 단계배부법은 우선순위가 낮은 보조부문의 원가를 우선순위가 높은 보조부문에 먼저 배부하고, 배부를 끝낸 보조부문에는 다른 보조부문원가를 재배부하지 않는 방법이다.
④ 직접배부법은 보조부문 간의 용역수수관계를 무시하기 때문에 적용이 간편하다는 장점이 있어 실무에서 가장 많이 이용되는 방법이다.

13

다음 설명 중 옳지 않은 것은?

① 회사 차량으로 상품을 배송하던 중 접촉사고가 발생하여 차량이 파손되고 그 손해금액이 파악된 경우 이는 회계상의 거래에 해당한다.
② 회사가 기말에 기간경과로 발생한 이자비용을 계상하기 위해 사용한 미지급비용계정은 영구계정에 해당한다.
③ 회사의 기초상품재고액이 기말상품재고액보다 큰 경우 회사의 당기상품매입액은 매출원가보다 작다.
④ 제조기업의 경우 제조원가명세서는 「한국채택국제회계기준」에서 규정하고 있는 전체 재무제표에 포함된다.

14

〈보기〉는 ㈜시은의 기초 및 기말의 자본, 부채 현황이다. ㈜시은은 당기 중에 ₩1,000,000의 유상증자를 실시하였으며, 이익준비금을 통한 무상증자 ₩1,500,000 및 ₩500,000의 현금배당과 10%의 주식배당을 완료하였다. ㈜시은의 당기순이익은? (단, 당기 중 해당 내용 외의 자본거래는 없었으며, 기타포괄손익은 발생하지 않았다.)

〈보기〉

	기초	기말
자본	₩35,000,000	₩38,000,000
부채	₩20,000,000	₩22,000,000

① ₩2,500,000   ② ₩3,500,000
③ ₩4,000,000   ④ ₩5,000,000

15

㈜만재는 20×1년 1월 1일에 자가사용 목적으로 공장을 착공하여 20×2년 9월 30일 완공하였다. 공사 관련 지출과 차입금에 대한 자료는 다음과 같다. ㈜만재가 20×1년에 자본화할 차입원가는? (단, 차입금의 일시적 운용수익은 없으며, 기간은 월할 계산한다)

〈공사 관련 지출〉

일자	금액
20×1. 1. 1.	₩3,000
20×1. 7. 1.	₩2,000

〈차입금 내역〉

구분	금액	이자율(연)	기간
특정차입금	₩1,000	6%	20×0.12.1. ~ 20×3.12.31.
일반차입금A	₩1,000	5%	20×1.1.1. ~ 20×2.11.30.
일반차입금B	₩2,000	8%	20×0.7.1. ~ 20×3.6.30.

① ₩175　　② ₩215
③ ₩235　　④ ₩270

16

선입선출소매재고법을 적용하여 추정한 ㈜대희의 매출원가는?

	원가	판매가격
기초재고	30,000	₩40,000
당기매입	50,000	60,000
매출액		70,000
종업원할인		6,000

① ₩60,000　　② ₩25,000
③ ₩50,000　　④ ₩55,000

17

종합원가계산에 대한 설명으로 옳지 않은 것은?

① 평균법은 기초재공품의 제조가 당기 이전에 착수되었음에도 불구하고 당기에 착수된 것으로 가정한다.
② 선입선출법 또는 평균법을 사용할 수 있으며, 선입선출법이 실제 물량흐름에 보다 충실한 원가흐름이다.
③ 평균법은 기초재공품원가와 당기발생원가를 구분하지 않기 때문에 선입선출법보다 원가계산이 정확하다는 장점이 있다.
④ 선입선출법은 기초재공품을 우선적으로 가공하여 완성시킨 후 당기투입분을 완성한다고 가정한다.

18

㈜다래의 2024년도 손익계산서에는 이자비용이 ₩1,700 계상되어 있고, 현금흐름표에는 현금이자지출액이 ₩1,500 계상되어 있다. ㈜다래가 자본화한 이자비용은 없으며 2024년 12월 31일의 선급이자비용은 2023년 12월 31일에 비해 ₩200만큼 증가하였다. 2023년 12월 31일의 재무상태표에 미지급이자비용이 ₩300인 경우 2024년 12월 31일의 재무상태표에 표시되는 미지급이자비용은?

① ₩1,000　　② ₩800
③ ₩700　　④ ₩300

19

㈜헤미는 당기 중 보통주 20주(1주당 액면금액 ₩5,000)를 1주당 ₩4,000에 발행하였으며, 보통주 발행과 관련하여 총 ₩2,000의 발행비용이 발생하였다. 상기 보통주 발행으로 증가하는 자본금총액은 얼마인가?

① ₩98,000 ② ₩100,000
③ ₩78,000 ④ ₩80,000

20

다음은 단일제품인 곰인형을 생산하고 있는 ㈜장호의 판매가격 및 원가와 관련된 자료이다. 법인세율이 20%인 경우, 세전목표이익 ₩160,000을 달성하기 위한 곰인형의 판매수량은? (단, 생산설비는 충분히 크며, 생산량과 판매량은 같다고 가정한다)

- 단위당 판매가격 : ₩1,000
- 단위당 직접재료원가 : ₩450
- 단위당 직접노무원가 : ₩200
- 단위당 변동제조간접원가 : ₩100
- 단위당 변동판매원가 : ₩50
- 고정원가 총액 : ₩300,000

① 2,300단위 ② 2,500단위
③ 2,700단위 ④ 3,000단위

세법 전공강화 동형 모의고사 4회

01
「상속세및증여세법」의 과세표준 신고에 대한 설명으로 옳지 않은 것은?

① 상속세 납부의무가 있는 상속인 또는 수유자는 상속개시일이 속하는 달의 말일부터 6개월(피상속인이나 상속인이 외국에 주소를 둔 경우에는 9개월)이내에 상속세의 과세가액 및 과세표준을 대통령령으로 정하는 바에 따라 납세지 관할세무서장에게 신고하여야 한다.
② 증여세 납부의무가 있는 자는 증여받은 날이 속하는 달의 말일부터 3개월 이내에 증여세의 과세가액 및 과세표준을 대통령령으로 정하는 바에 따라 납세지 관할 세무서장에게 신고하여야 한다.
③ 주식등의 상장 등에 따른 이익의 증여 및 합병에 따른 상장 등 이익의 증여의 경우로서 비상장주식의 상장 또는 법인의 합병 등에 따른 증여세 과세표준 정산 신고기한은 정산기준일이 속하는 달의 말일부터 3개월이 되는 날로 한다.
④ 상속세 과세표준을 법정신고기한 내에 신고한 경우에는 상속세 산출세액에서 징수유예, 공제 또는 감면 금액을 차감한 금액의 100분의 5에 상당하는 금액을 신고세액공제로 공제한다.

02
「국세징수법」상 납부기한 전 징수와 교부청구의 공통된 사유에 해당하지 않는 것은?

① 국세, 지방세 또는 공과금의 체납으로 체납자에 대한 강제징수 또는 체납처분이 시작된 경우
② 체납자에 대하여 「민사집행법」에 따른 강제집행 및 담보권 실행 등을 위한 경매가 시작되거나 체납자가 「채무자 회생 및 파산에 관한 법률」에 따른 파산선고를 받은 경우
③ 체납자인 법인이 해산한 경우
④ 「어음법」 및 「수표법」에 따른 어음교환소에서 거래정지처분을 받은 경우

03
「부가가치세법」상 과세표준에 관한 설명으로 옳지 않은 것은?

① 마일리지등으로 대금의 전부 또는 일부를 결제받은 경우에는 마일리지등 외의 수단으로 결제받은 금액을 과세표준으로 한다.
② 재화의 수입에 대한 부가가치세의 과세표준은 그 재화에 대한 관세의 과세가격과 관세, 개별소비세, 주세, 교육세, 농어촌특별세 및 교통·에너지·환경세를 합한 금액으로 한다.
③ 기부채납의 경우 해당 기부채납의 근거가 되는 법률에 따라 기부채납된 가액(다만, 기부채납된 가액에 부가가치세가 포함된 경우 그 부가가치세 제외)을 공급가액으로 한다.
④ 자기적립마일리지등 외의 마일리지등으로 대금의 전부 또는 일부를 결제받은 경우로서 특수관계인으로부터 부당하게 낮은 금액을 보전받거나 아무런 금액을 받지 아니하여 조세의 부담을 부당하게 감소시킬 것으로 인정되는 경우에는 공급한 재화 또는 용역의 시가를 과세표준으로 한다.

04
「국세징수법」상 납부에 대한 설명으로 옳지 않은 것은?

① 신용카드, 직불카드 및 통신과금서비스 등으로 국세를 납부하는 경우에는 국세납부대행기관의 승인일을 납부일로 본다.
② 납세자는 납부고지를 받은 국세 중 부가가치세 예정고지세액 및 소득세 중간예납고지세액을 금융회사등에 개설된 예금계좌로부터 자동이체하는 방법으로 납부할 수 있다.
③ 제3자는 납세자를 위하여 납세자의 명의로 국세 및 강제징수비를 납부할 수 있다.
④ 제3자가 납세자의 국세 및 강제징수비를 납부한 경우 국가에 대하여 그 납부한 금액의 반환을 청구할 수 없다.

05

다음 자료에 의하여 ㈜시은의 2024년 제2기 부가가치세 확정신고 시 납부세액을 계산하면 얼마인가?

> ㉠ 2024. 10. 6. 현재 보유하고 있는 토지와 건물을 310,000,000원(부가가치세 포함)을 받고 함께 처분하였다. 토지와 건물의 실지거래가액의 구분은 불분명하며, 장부가액과 「소득세법」제99조에 따른 기준시가는 다음과 같다.
>
> | 구분 | 장부가액 | 기준시가 |
> |---|---|---|
> | 건물 | 200,000,000원 | 100,000,000원 |
> | 토지 | 275,000,000원 | 200,000,000원 |
>
> ㉡ 2024. 10. 10. 건축물이 있는 토지를 취득하여 토지만 사용하기 위하여 건축물을 철거하였다. 철거한 건축물의 취득과 관련된 매입세액은 1,000,000원이고, 철거비용에 관련된 매입세액은 300,000원이다.
> ㉢ 2024년 제1기 부가가치세 확정신고 시 매입세액에서 차감한 대손세액은 200,000원이었다. 동 대손세액과 관련하여 2024. 8. 1. 대손금액 전부를 변제하였으며, 2024년 제2기 확정신고 시 변제사실을 증명하는 서류를 첨부하여 대손세액변제신고서를 제출하였다.
> ㉣ 위 자료 외에 「부가가치세법」 및 다른 법률에서 정하는 공제세액 등은 고려하지 않는다.

① 12,000,000원
② 12,200,000원
③ 10,000,000원
④ 9,800,000원

06

「국세기본법」의 국세 부과의 원칙에 대한 설명으로 옳지 않은 것은?

① 정부는 국세를 감면한 경우에 그 감면의 취지를 성취하거나 국가정책을 수행하기 위하여 필요하다고 인정하면 세법에서 정하는 바에 따라 감면한 세액에 상당하는 자금 또는 자산의 운용 범위를 정할 수 있다.
② 제3자를 통한 간접적인 방법이나 둘 이상의 행위 또는 거래를 거치는 방법으로 「국세기본법」 또는 세법의 혜택을 부당하게 받기 위한 것으로 인정되는 경우에는 그 경제적 실질 내용에 따라 당사자가 직접 거래를 한 것으로 보거나 연속된 하나의 행위 또는 거래를 한 것으로 보아 「국세기본법」 또는 세법을 적용한다.
③ 정부는 국세 과세표준의 조사와 결정 시 장부의 기록 내용과 다른 사실 또는 장부 기록에 누락된 것을 조사하여 결정하였을 때에는 정부가 조사한 사실과 결정의 근거를 결정서에 적어야 하며, 행정기관의 장은 해당 납세의무자 또는 그 대리인이 요구하면 정부가 조사한 사실과 결정의 근거를 적은 결정서를 열람 또는 복사하게 하거나 그 등본 또는 초본이 원본과 일치함을 확인하여야 하며, 이러한 요구는 문서로 하여야 한다.
④ 납세자가 그 의무를 이행할 때에는 신의에 따라 성실하게 하여야 한다. 세무공무원이 직무를 수행할 때에도 또한 같다.

07

「국세기본법」상 납세의무 승계에 대한 설명으로 옳지 않은 것은?

① 납세의무 승계에 있어서 상속인이 2명 이상일 때에는 각 상속인은 피상속인에게 부과되거나 그 피상속인이 납부할 국세 및 강제징수비를 「민법」에 따른 상속분 등에 따라 나누어 계산한 국세 및 강제징수비를 상속으로 받은 재산의 한도에서 연대하여 납부할 의무를 진다.
② 피상속인에게 한 처분 또는 절차는 상속으로 인한 납세의무를 승계하는 상속인이나 상속재산관리인에 대해서도 효력이 있다.
③ 법인이 합병한 경우 합병 후 존속하는 법인 또는 합병으로 설립된 법인은 합병으로 소멸된 법인에 부과되거나 그 법인이 납부할 국세 및 강제징수비를 납부할 의무를 진다.
④ 상속인이 「민법」 제1019조 제1항에 따라 상속을 포기한 것으로 인정되는 경우로서 상속포기자가 피상속인의 사망으로 인하여 보험금(「상속세및증여세법」 제8조에 따른 보험금을 말한다)을 받는 때에는 납세의무 승계 규정을 적용하지 아니한다.

08

부가가치세법령상 주사업장 총괄납부 및 사업자단위 과세에 관한 설명으로 옳은 것은?

① 주된 사업장에서 총괄하여 납부하는 사업자가 되려는 자는 그 납부하려는 과세기간 개시 20일 전에 주사업장 총괄납부 신청서를 주된 사업장 관할세무서장에게 제출해야 한다.
② 주사업장 총괄납부를 적용받으려면 관할 세무서장의 승인을 받아야 한다.
③ 사업장 단위로 등록한 사업자가 사업자 단위 과세 사업자로 변경하려면 사업자 단위 과세 사업자로 적용받으려는 과세기간의 전달 마지막 날까지 사업자의 본점 또는 주사무소 관할세무서장에게 변경등록을 신청하여야 한다.
④ 주사업장 총괄 납부를 적용받거나 사업자단위과세를 적용받는 경우에는 부가가치세 신고·납부 업무를 수행하는 사업자단위 적용사업장을 본점 또는 지점으로 하여 등록한다.

09

「부가가치세법」상 위탁매매에 대한 설명으로 옳지 않은 것은?

① 위탁매입의 경우에는 공급자가 위탁자를 공급받는 자로 하여 세금계산서를 발급한다.
② 위탁판매의 경우에 수탁자가 재화를 인도하는 때에는 위탁자가 수탁자 명의로 세금계산서를 발급한다.
③ 위탁매매 또는 대리인에 의한 매매를 할 때에는 위탁자 또는 본인이 직접 재화를 공급하거나 공급받은 것으로 본다. 다만, 위탁자 또는 본인을 알 수 없는 경우로서 법령이 정하는 경우에는 그러하지 아니하다.
④ 위탁판매 또는 대리인에 의한 판매의 경우 수탁자 또는 대리인의 등록번호를 덧붙여 적어야 한다.

10

「국세기본법」상 불복에 관한 설명으로 옳지 않은 것은?

① 이의신청인, 심사청구인 또는 심판청구인은 국세청장 또는 조세심판원장이 운영하는 정보통신망을 이용하여 이의신청서, 심사청구서 또는 심판청구서를 제출할 수 있으며 이 경우 국세청장 또는 조세심판원장에게 이의신청서, 심사청구서 또는 심판청구서가 전송된 때에 해당 서류가 제출된 것으로 본다.
② 불복의 대리인은 본인을 위하여 그 신청 또는 청구에 관한 모든 행위를 할 수 있다. 다만, 그 신청 또는 청구의 취하는 특별한 위임을 받은 경우에만 할 수 있다.
③ 소득세 4천만 원에 대한 불복 청구 시에는 불복청구인은 국선대리인을 선정하여 줄 것을 신청할 수 없다.
④ 이의신청인, 심사청구인, 심판청구인 또는 처분청(처분청의 경우 심판청구에 한정)은 그 신청 또는 청구에 관계되는 서류를 열람할 수 있으며 대통령령으로 정하는 바에 따라 해당 재결청에 의견을 진술할 수 있다.

11

「법인세법」상 법인으로 보는 단체의 최초 사업연도 개시일에 대한 설명이다. 옳지 않은 것은?

① 설립에 관하여 주무관청의 허가 또는 인가를 요하는 단체와 법령에 의하여 주무관청에 등록한 단체의 경우에는 그 허가일·인가일 또는 등록일
② 공익을 목적으로 출연된 기본재산이 있는 재단으로서 등기되지 아니한 단체에 있어서는 관할세무서에 신고한 날
③ 법령에 의하여 설립된 단체에 있어서 당해 법령에 설립일이 정하여진 경우에는 그 설립일
④ 「국세기본법」 규정에 의하여 납세지 관할세무서장의 승인을 얻은 단체의 경우에는 그 승인일

12
「국세기본법」에 대한 설명으로 옳지 않은 것은?

① 납세자가 국내에 주소 또는 거소를 두지 아니하거나 국외로 주소 또는 거소를 이전할 때에는 국세에 관한 사항을 처리하기 위하여 납세관리인을 정하여야 한다.
② 천재 등으로 인한 기한연장은 3개월 이내로 하되, 해당 기한연장의 사유가 소멸되지 않는 경우 관할 세무서장은 1개월의 범위에서 그 기한을 다시 연장할 수 있다. 단, 신고와 관련된 기한연장은 9개월을 넘지 않는 범위에서 관할 세무서장이 할 수 있다.
③ 납세자는 국세에 관한 사항을 처리하게 하기 위하여 세무사 또는 「세무사법」에 따른 세무사등록부 또는 공인회계사 세무대리업무등록부에 등록한 공인회계사를 납세관리인으로 둘 수 있으나 변호사는 납세관리인으로 둘 수 없다.
④ 기획재정부장관 및 국세청장은 세법의 해석과 관련된 질의에 대하여 「국세기본법」 제18조에 따른 세법해석의 기준에 따라 해석하여 회신하여야 한다.

13
「법인세법」상 익금과 그 세무조정에 대한 설명으로 옳지 않은 것으로만 묶은 것은?

> ㉠ 「은행법」에 의한 인가를 받아 설립된 은행이 보유하는 화폐성외화자산·부채를 사업연도 종료일 현재의 매매기준율등으로 평가함에 따라 발생하는 평가이익은 익금에 해당한다.
> ㉡ 전기에 과오납부한 업무에 직접 사용하는 부동산에 대한 종합부동산세와 이에 따른 환급가산금을 당기에 환급받아 수익계상한 경우 모두 익금불산입으로 세무조정하여야 한다.
> ㉢ 자산수증이익과 채무면제이익은 원칙적으로 익금에 해당하나 발생연도의 제한이 없는 세법상의 결손금(적격합병 및 적격분할시 승계받은 결손금 제외)으로서 결손금 발생 후의 각 사업연도 과세표준 계산시 공제되지 않고 당기로 이월된 결손금의 보전에 충당한 경우에는 익금으로 보지 않는다.(일시상각충당금 등을 설정한 국고보조금 제외)
> ㉣ 유가증권을 특수관계인이 아닌 자로부터 저가로 매입하는 경우 매입 시점의 시가와 그 매입가액과의 차액은 익금에 해당한다.

① ㉠, ㉡
② ㉠, ㉢
③ ㉡, ㉣
④ ㉢, ㉣

14
「법인세법」상 손익의 귀속시기에 대한 설명으로 옳지 않은 것은?

① 법인이 매출할인을 하는 경우 그 매출할인 금액은 상대방과의 약정에 의한 지급기일(지급기일이 정하여 있지 아니한 경우에는 지급한 날)이 속하는 사업연도의 매출액에서 차감한다.
② 법인이 법령의 규정에 의한 장기할부조건으로 자산을 판매함으로써 발생한 채권에 대하여 기업회계기준에 따라 현재가치할인차금을 계상한 경우 당해 현재가치할인차금 상당액은 채권의 회수기간 동안 기업회계기준에 따라 환입하였거나 환입할 금액을 각 사업연도의 익금에 산입한다.
③ 자산의 임대로 인한 임대료 지급기간이 1년을 초과하는 경우 이미 경과한 기간에 대응하는 임대료 상당액과 비용은 이를 각각 당해 사업연도의 익금과 손금으로 한다.
④ 법인이 사채를 할인발행한 경우에 발생한 사채할인발행차금은 당해 사채를 발행한 날이 속하는 사업연도의 손금에 산입한다.

15
「법인세법」상 연결납세제도에 관한 설명으로 옳지 않은 것은?

① 내국법인과 완전자법인에 연결납세방식을 적용하는 경우 완전자법인이 둘 이상인 때에는 해당 법인 모두에 연결납세 방식을 적용하여야 한다.
② 연결납세방식을 적용받는 각 연결법인의 사업연도는 연결 사업연도와 일치하여야 한다.
③ 각 연결사업연도의 소득에 대한 과세표준은 각 연결사업연도 소득의 범위에서 이월결손금, 비과세소득, 소득공제 금액을 차례로 공제한 금액으로 한다. 다만, 이월결손금 공제는 연결소득 개별귀속액의 100분의 60(중소기업과 회생계획을 이행 중인 기업 등 대통령령으로 정하는 연결법인의 경우는 100분의 100)을 한도로 한다.
④ 연결모법인은 각 연결사업연도의 종료일이 속하는 달의 말일부터 4개월 이내에 해당 연결사업연도의 소득에 대한 법인세의 과세표준과 세액을 납세지 관할 세무서장에게 신고하여야 한다.

16
「소득세법」상 금융소득에 대한 설명이다. 옳지 않은 것은?

① 이자소득금액의 필요경비는 인정하지 않으므로 이자소득금액은 해당 과세기간의 총수입금액으로 한다.
② 배당소득금액은 해당 과세기간의 총수입금액으로 한다. 다만, 배당소득 중 대통령령으로 정하는 배당소득에 대해서는 해당 과세기간의 총수입금액에 그 배당소득의 100분의 11에 해당하는 금액을 더한 금액으로 한다.
③ 계속 반복적으로 금전을 대여하고 사업적으로 이익을 얻는 사채업자의 소득은 이자소득으로 과세하지 아니하고 사업소득으로 과세한다.
④ 실지 명의가 확인되지 아니하는 소득에 대해서는 100분의 45의 원천징수세율을 적용한다. 다만, 「금융실명거래 및 비밀보장에 관한 법률」 제5조가 적용되는 경우에는 같은 조에서 정한 세율로 한다.

17
「소득세법」상 종합소득에 관한 설명으로 옳지 않은 것은?

① 종업원등 또는 대학의 교직원이 퇴직 전에 지급받는 직무발명보상금은 기타소득으로 과세한다.
② 근로자가 퇴직하거나 탈퇴하여 그 규약에 따라 직장공제회로부터 받는 반환금에서 납입공제료를 뺀 직장공제회 초과반환금은 이자소득으로 과세된다.
③ 이자소득을 발생시키는 거래 또는 행위와 이를 기초로 한 파생상품이 결합된 경우 해당 파생상품의 거래 또는 행위로부터의 이익은 이자소득으로 과세된다.
④ 거주자가 일정기간 후에 같은 종류로서 같은 양의 채권을 반환받는 조건으로 채권을 대여하고 해당 채권의 차입자로부터 지급받는 해당 채권에서 발생하는 이자에 상당하는 금액은 이자소득에 포함된다.

18
다음은 「소득세법」상 과세소득에 관한 설명이다. 틀린 것은?

① 전세권의 대여 및 공익사업과 관련된 지상권 및 지역권의 설정 및 대여로 인한 금품, 부동산임차권을 대여하고 받는 금품은 사업소득에 포함된다.
② 영업권을 사업용 건물과 함께 양도하는 경우에 해당 영업권의 양도에 따라 발생하는 소득은 양도소득에 해당하고, 사업에 사용하던 부동산을 양도할 때 발생하는 양도차익은 사업소득금액 계산 시 사업소득 총수입금액에 산입되지 않고 양도소득세가 과세된다.
③ 국민연금소득으로서 2002년 1월 1일 이후에 납입된 연금기여금 및 사용자부담금 또는 2002년 1월 1일 이후 근로의 제공을 기초로 하여 받는 연금소득은 소득세의 과세 대상이 된다.
④ 연예인 및 직업운동선수 등이 사업활동과 관련하여 받는 전속계약금은 사업소득에 해당하고, 산업재산권이나 토사석의 채취허가에 따른 권리를 양도하고 받는 대가는 기타소득에 해당한다.

19
「소득세법」상 과세 대상 근로소득에 포함되는 것의 개수는 몇 개인가?

㉠ 공무원이 국가 또는 지방자치단체로부터 공무 수행과 관련하여 받는 상금과 부상 중 연 240만원 이내의 금액
㉡ 판공비를 포함한 기밀비·교제비 기타 이와 유사한 명목으로 받는 것으로서 업무를 위하여 사용된 것이 분명하지 아니한 급여
㉢ 계약기간 만료 전 또는 만기에 종업원에게 귀속되는 단체환급부보장성보험의 환급금
㉣ 임직원의 고의(중과실 포함) 외의 업무상 행위로 인한 손해의 배상청구를 보험금의 지급 사유로 하고 임직원을 피보험자로 하는 보험의 보험료를 사용자가 부담하는 경우
㉤ 퇴직 전에 부여받은 주식매수선택권을 퇴직 후에 행사하거나 고용관계 없이 주식매수선택권을 부여받아 이를 행사함으로써 얻는 이익
㉥ 식사 기타 음식물을 사내급식 또는 이와 유사한 방법으로 제공받지 아니하는 근로자가 받는 월 20만 원 이하의 식사대
㉦ 근로자 또는 그 배우자의 출산이나 6세 이하(해당 과세기간 개시일을 기준으로 판단한다) 자녀의 보육과 관련하여 사용자로부터 받는 급여로서 매월 20만 원 이내의 금액
㉧ 중소기업의 종업원이 주택(주택에 부수된 토지를 포함)의 구입·임차에 소요되는 자금을 저리로 또는 무상으로 대여받음으로써 얻는 이익

① 2개　　　　② 3개
③ 4개　　　　④ 5개

20
「소득세법」상 거주자가 해당 과세기간에 지급한 금액 중 사업소득금액을 계산할 때 필요경비에 산입하는 것은?

① 소득세와 개인지방소득세
② 「국세징수법」에 따른 강제징수비
③ 부가가치세 간이과세자인 거주자가 납부한 부가가치세액
④ 선급비용(先給費用)타

회계학 전공강화 동형 모의고사
5회

01
다음은 ㈜종현의 2023년 12월 31일 자본 내역이다.

자 본	
자본금 (액면금액 @₩500)	₩ 3,000,000
주식발행초과금	1,500,000
이익준비금	2,000,000
미처분이익잉여금	5,500,000
	₩ 12,000,000

㈜종현은 주권상장법인이며, 2024년 2월 주주총회에서 3,500주의 주식배당과 이익준비금을 재원으로 한 2,500주의 무상증자를 실시하기로 하였다. 주식배당과 무상증자를 실시하여 주식을 교부하였다면, ㈜종현의 자본금은?

① ₩ 3,000,000   ② ₩ 4,000,000
③ ₩ 5,000,000   ④ ₩ 6,000,000

02
「지방자치단체회계기준에 관한 규칙」에 대한 설명으로 옳지 않은 것은?

① 순자산은 특정순자산, 고정순자산, 일반순자산으로 분류되는데, 일반순자산은 고정순자산과 특정순자산을 제외한 나머지 금액을 의미한다.
② 지방세, 보조금 등의 비교환거래로 생긴 수익은 비록 금액을 합리적으로 측정할 수 없더라도 해당 수익에 대한 청구권이 발생한 시점에 수익으로 인식한다.
③ 일반유형자산과 주민편의시설 중 상각대상 자산에 대한 감가상각은 정액법을 원칙으로 한다.
④ 문화재, 예술작품, 역사적 문건 및 자연자원은 자산으로 인식하지 아니하고 필수보충정보의 관리책임자산으로 보고한다.

03
이만재 씨는 메가스터디타워 1층 상가에서 샌드위치을 판매하고 있다. 샌드위치는 개당 ₩3,000에 구입하여 ₩5,000에 판매하고, 매월 임대료 등 고정비용은 ₩1,200,000이다. 이만재 씨는 최근 월임대료 ₩540,000의 인상을 통보받았다. 또한 샌드위치의 구입단가도 ₩3,600으로 인상되었다. 이만재 씨는 종전과 같은 월 손익분기매출수량을 유지하기 위해 샌드위치의 판매가격 조정을 고려하고 있다. 새로 조정될 샌드위치 판매가격은?

① ₩6,500   ② ₩6,200
③ ₩6,000   ④ ₩5,500

04
다음은 ㈜원준의 기계장치 장부금액 자료이다.

	2023년 기말	2024년 기말
기계장치	₩ 11,000,000	₩ 12,500,000
감가상각누계액	(₩ 4,000,000)	(₩ 4,500,000)

㈜원준은 2024년 초에 장부금액 ₩ 800,000(취득원가 1,500,000, 감가상각누계액 700,000)인 기계장치를 ₩ 400,000에 처분하였다. 2024년에 취득한 기계장치의 취득원가와 2024년에 인식한 감가상각비는? (단, 기계장치에 대해 원가모형을 적용한다)

	취득원가	감가상각비
①	3,000,000	₩ 1,200,000
②	3,000,000	₩ 1,500,000
③	4,000,000	₩ 1,500,000
④	4,000,000	₩ 2,000,000

05

도·소매업인 ㈜지연은 20×1년 초 무형자산인 산업재산권을 취득(취득원가 ₩1,000,000, 내용연수 5년, 잔존가치 ₩0, 정액법 상각)하고 사용을 시작하였다. ㈜지연은 산업재산권에 재평가모형을 적용하고 있으며, 20×1년 말과 20×2년 말 산업재산권의 공정가치는 각각 ₩880,000과 ₩560,000이다. 산업재산권 평가와 관련하여 20×2년도에 인식할 당기손익과 기타포괄손익은? (단, 재평가잉여금의 이익잉여금 대체는 없다.)

① 당기손실 ₩20,000   기타포괄손실 ₩80,000
② 당기손실 ₩25,000   기타포괄손익 ₩0
③ 당기이익 ₩30,000   기타포괄이익 ₩10,000
④ 당기손실 ₩40,000   기타포괄손익 ₩0

06

㈜창희는 20×1년 초 기계장치를 취득(취득원가 ₩3,500, 잔존가치 ₩0, 내용연수 5년, 정액법 상각)하고 원가모형을 적용하였다. 20×1년 말 동 기계장치에 손상징후를 검토한 결과, 사용가치와 순공정가치가 각각 ₩1,500, ₩1,600으로 추정되어 손상차손을 인식하였으며, 20×2년 말 회수가능액이 ₩2,200으로 회복되었다. 동 자산에 대한 회계처리 중 옳지 않은 것은?

① 20×1년도 감가상각비는 ₩700이다.
② 20×1년 말 회수가능액은 ₩1,600이다.
③ 20×1년도 손상차손은 ₩1,300이다.
④ 20×2년도 손상차손환입액은 ₩900이다.

07

「국가회계기준에 관한 규칙」과 「지방자치단체회계기준에 관한 규칙」에 대한 설명으로 옳지 않은 것은?

① 지방자치단체회계기준의 재무제표에는 현금흐름표가 포함되나, 국가회계기준의 재무제표에는 현금흐름표가 포함되지 않는다.
② 국가회계기준의 자산 분류에는 주민편의시설이 포함되지 않으나, 지방자치단체회계기준의 자산 분류에는 주민편의시설이 포함된다.
③ 국가회계기준에서는 일반유형자산에 대하여 재평가모형을 적용할 수 있으나, 지방자치단체회계기준에서는 일반유형자산에 대하여 재평가모형을 적용하지 않는다.
④ 국가회계기준은 자산과 부채는 유동성이 높은 항목부터 배열하는 것을 원칙으로 하지만 지방자치단체회계기준에서는 명시적 규정이 없다.

08

㈜석원은 공장을 신축하기 위하여 기존건물이 서 있던 토지를 구입하고 즉시 기존건물을 철거하였다. 관련 자료가 〈보기〉와 같을 때, 토지의 취득원가는?

- 토지 구입가격   ₩1,000,000
- 토지 취득세   ₩100,000
- 토지 취득관련 중개수수료   ₩10,000
- 건설이 시작되기 전 건설용지를 주차장 용도로 사용함에 따른 수익   ₩20,000
- 신축공장건물 설계비용   ₩50,000
- 기존건물 철거비용   ₩100,000
- 토지의 구획정리비용   ₩400,000
- 신축건물공사원가   ₩800,000

① ₩1,450,000   ② ₩1,560,000
③ ₩1,610,000   ④ ₩1,750,000

09

㈜시은의 2024년도 법인세 관련 자료가 아래의 표와 같을 때 전기이월 일시적 차이가 없다면 ㈜시은의 2024년도 법인세비용은 얼마인가? (단, 가산할 일시적 차이는 2025년에 소멸될 예정이며, 과세소득에 적용할 법인세율은 20%이다)

법인세비용차감전순이익	₩ 10,000
가산할 일시적차이	(2,000)
자기주식처분이익	1,000
과세소득	₩ 9,000

① ₩2,600   ② ₩2,200
③ ₩2,000   ④ ₩1,800

10

2024년 ㈜장호의 보통주 발행주식수 변동상황은 다음과 같다. 2024년 ㈜장호의 당기순이익이 ₩2,400,000이라면 기본주당순이익은 얼마인가? (단, 가중평균유통보통주식수 계산은 월할로 하며, 기본주당순이익은 소수점 첫째자리에서 반올림하여 계산한다)

일 자	변동내용	발행주식수
2024년 1월 1일	기 초	1,500주
2024년 7월 1일	무상증자	400주
2024년 10월 1일	유상증자	400주
2024년 12월 31일	기 말	2,300주

① ₩900 ② ₩1,000
③ ₩1,100 ④ ₩1,200

11

㈜상아는 2024년 초에 발행된 ㈜경규의 사채(액면금액 1,000,000)를 ₩950,000에 취득하여 FVOCI금융자산으로 분류하였다. 2024년 말 사채의 공정가치가 ₩985,000 일 때, ㈜상아가 인식할 FVOCI금융자산평가손익은 얼마인가? (단, 사채의 표시이자율은 연 8%로 매년 말에 지급되는 조건이며, 유효이자율은 연 10%이다)

① 평가이익 ₩10,000 ② 평가이익 ₩20,000
③ 평가손실 ₩10,000 ④ 평가이익 ₩5,000

12

㈜지은은 화장품 제조회사로 화장품을 담는 용기도 함께 생산하고 있다. 화장품 용기 생산량은 매년 1,000개이며, 1,000개 조업도 수준 하에서 화장품 용기의 단위당 제조원가는 아래의 표와 같다. 그런데 외부의 용기 생산업자가 화장품 용기 1,000개를 개당 ₩95에 공급하겠다고 제안하였다. ㈜지은이 이 제안을 수락할 경우 화장품 용기 생산에 사용되는 설비를 연 ₩20,000에 다른 회사에 임대할 수 있다. 한편, 화장품 용기를 외부에서 구입하더라도 고정제조간접원가의 75%는 계속해서 발생된다. ㈜지은이 외부공급업자의 제안을 수락할 경우 연간 이익은 얼마만큼 증가 혹은 감소하겠는가?

구 분	단위당 원가
직접재료원가	₩30
직접노무원가	20
변동제조간접원가	10
고정제조간접원가	40
화장품용기의 단위당 제조원가	₩100

① ₩5,000 증가 ② ₩5,000 감소
③ ₩10,000 증가 ④ ₩10,000 감소

13

㈜은주는 20×1년 1월 1일에 다음과 같은 조건의 사채를 발행하였다. 20×3년 1월 1일에 ₩100,000을 지급하고 이 사채를 조기상환 하였다. 동 사채의 상환과 관련한 상환손익을 계산하시오. 단, 계산금액은 소수점 첫째자리에서 반올림하며, 단수차이로 인한 오차가 있으면 가장 근사치를 선택한다.

- 액면금액: ₩100,000
- 만기일: 20×3년 12월 31일
- 표시이자율: 연 10%
- 유효이자율: 연 8%
- 이자지급일: 매년 12월 31일

할인율	단일금액 ₩1의 현재가치			정상연금 ₩1의 현재가치		
	1기간	2기간	3기간	1기간	2기간	3기간
8%	0.9259	0.8573	0.7938	0.9259	1.7833	2.5771
10%	0.9091	0.8265	0.7513	0.9091	1.7356	2.4869

① ₩1,715 손실 ② ₩8,285 손실
③ ₩3,563 이익 ④ ₩1,849 이익

14

12월 결산법인 ㈜세현은 2023년 기말재고자산을 ₩3,000 과소계상하였고, 2024년 기말재고자산을 ₩2,000 과소계상하였음을 2024년 말 장부마감 전에 발견하였다. 이러한 오류들을 수정한 후의 2024년 당기순이익이 ₩10,000이라면, 오류 수정 전 2024년 당기순이익은 얼마인가? (단, 법인세효과는 고려하지 않는다)

① ₩5,000
② ₩9,000
③ ₩11,000
④ ₩15,000

15

㈜대희의 직접재료원가 관련 자료가 다음과 같다면, 직접재료 구입가격차이와 직접재료수량차이로 옳은 것은?

직접재료 실제구입량	1,300단위
직접재료 표준사용량	1,000단위
직접재료 실제사용량	1,200단위
직접재료 단위당 표준가격	₩23
직접재료 단위당 실제가격	₩20

	직접재료구입가격차이	직접재료수량차이
①	₩4,500(유리한 차이)	₩4,600(불리한 차이)
②	₩4,500(불리한 차이)	₩4,600(유리한 차이)
③	₩3,900(유리한 차이)	₩4,600(불리한 차이)
④	₩3,900(불리한 차이)	₩4,600(유리한 차이)

16

㈜혜미는 2022년 12월 1일에 ㈜회성의 주식을 ₩1,500,000에 취득하고 FVOCI 금융자산으로 분류하였다. 동 주식의 공정가치는 2022년 말 ₩1,450,000이었으며, 2023년 말 ₩1,700,000이었다. ㈜혜미가 2024년 중에 동 주식을 ₩1,650,000에 처분하였을 경우, 2024년의 당기순이익 및 총포괄이익에 미치는 영향은? (단, 세금 효과는 고려하지 않는다)

	당기순이익	총포괄이익
①	₩0	₩50,000 증가
②	₩150,000 증가	₩150,000 증가
③	₩0	₩50,000 감소
④	₩50,000 증가	₩100,000 감소

17

㈜재헌은 2023년에 영업을 시작하였으며, 당해 연도의 생산 및 판매와 관련된 자료는 다음과 같다. ㈜재헌이 실제원가계산에 의한 전부원가계산방법과 변동원가계산방법을 사용할 경우, 영업이익이 더 낮은 방법과 두 방법 간 영업이익의 차이는?

• 제품생산량	1,000개
• 제품판매량	780개
• 고정제조간접원가	₩1,000,000
• 고정판매비와 관리비	₩1,100,000
• 기말 재공품은 없음	

	영업이익이 더 낮은 방법	영업이익의 차이
①	전부원가계산	₩200,000
②	변동원가계산	₩200,000
③	전부원가계산	₩220,000
④	변동원가계산	₩220,000

18

㈜아영은 20×1년 초에 리스기간 종료 후 소유권이전조건으로 기계장치(내용연수 5년)를 리스하였다. 리스관련 내용이 아래와 같을 때, 20×1년 기계장치 감가상각비는 얼마인가? 단, ㈜아영은 기계장치를 정액법(잔존가치 없음) 상각하고, 소액기초자산 리스에 해당하지 않으며, 현가계수는 아래 표를 이용한다.

- 리스기간: 20×1년 1월 1일 ~ 20×4년 12월 31일
- 연간 고정리스료: ₩1,000,000(매년 말 지급)
- 할인율: 연 4%

할인율	정상연금 ₩1의 현재가치	
	4기간	5기간
4%	3.64	4.45

① ₩728,000
② ₩800,000
③ ₩910,000
④ ₩1,000,000

19

㈜다래는 종합원가계산방법을 적용하고 있다. 직접재료는 공정초기에 전량 투입되며, 전환원가는 공정 전반에 걸쳐서 균등하게 발생한다. 당기완성품환산량 단위당 원가는 직접재료원가 ₩40, 전환원가 ₩20 이었다. 공정의 50% 시점에서 품질검사를 수행하며, 검사에 합격한 전체수량의 10%를 정상공손으로 처리하고 있다. ㈜다래의 물량흐름 자료가 다음과 같을 때, 정상공손원가는?

- 기초재공품   1,000개(완성도 30%)
- 당기완성량   2,600개
- 당기착수량   3,000개
- 공손수량   500개
- 기말재공품   900개(완성도 60%)

① ₩ 17,500 ② ₩ 24,500
③ ₩ 28,000 ④ ₩ 35,000

20

다음 자료를 토대로 계산한 ㈜용구의 매출총이익은?

- 당기 중 직접재료원가는 전환원가의 50% 이다.
- 직접노무원가 발생액은 매월 말 미지급임금으로 처리되며 다음 달 초에 지급된다. 미지급임금의 기초금액대비 기말금액은 ₩100 증가하였고, 당기 중 직접노무원가의 지급액은 ₩450이다.
- 재공품 및 제품의 기초금액과 기말금액은 ₩100으로 동일하다.
- 기타 발생비용으로 감가상각비(생산현장) ₩100, 감가상각비(영업점) ₩100, CEO 급여 ₩150, 판매수수료 ₩100이 있다. CEO 급여는 생산현장에 1/3, 영업점에 2/3 배부된다.
- 매출액은 ₩2,200이다.

① ₩ 950   ② ₩ 1,050
③ ₩ 1,150 ④ ₩ 1,250

세법 전공강화 동형 모의고사 5회

01
다음 중 「상속세및증여세법」상 물납에 대한 설명으로 올바르지 않은 것은?

① 상속세 납부세액이 1천만 원을 초과하는 경우로서 상속재산 중 부동산과 유가증권(국내에 소재하는 부동산 등 대통령령으로 정하는 물납에 충당할 수 있는 재산으로 한정)의 가액이 해당 상속재산가액의 2분의 1을 초과하는 경우에는 납세지 관할 세무서장은 납세의무자의 신청을 받아 물납을 허가할 수 있다.
② 국채 및 공채와 국내에 소재하는 부동산이 있는 경우 물납에 충당하는 재산은 정당한 사유가 없는 한 국채 및 공채에 대한 물납을 먼저 허가하여야 한다.
③ 상속세의 연부연납 허가를 받은 자가 연부연납기간 중 분납세액(중소기업이 아닌 경우 첫 회분 분납세액으로 한정하되, 연부연납가산금을 제외한 것)에 대하여 물납하려는 경우에는 분납세액 납부기한 30일 전까지 납세지 관할세무서장에게 신청할 수 있다.
④ 재산을 분할하거나 재산의 분할을 전제로 하여 물납 신청을 하는 경우에는 물납을 신청한 재산의 가액이 분할 전보다 감소되지 아니하는 경우에만 물납을 허가할 수 있다.

02
「국세징수법」상 압류를 즉시 해제하여야 하는 경우를 모두 고른 것은?

> ㉠ 압류 후 재산가격이 변동하는 체납액 전액을 현저히 초과한 경우
> ㉡ 압류에 관계되는 체납액의 일부가 납부되거나 충당된 경우
> ㉢ 총 재산의 추산가액이 강제징수비(압류에 관계되는 국세에 우선하는 「국세기본법」 제35조제1항제3호에 따른 채권 금액이 있는 경우 이를 포함)를 징수하면 남을 여지가 없어 강제징수를 종료할 필요가 있는 경우
> ㉣ 체납자가 압류할 수 있는 다른 재산을 제공하여 그 재산을 압류한 경우
> ㉤ 국세 부과의 전부를 취소한 경우

① ㉠, ㉣
② ㉢, ㉤
③ ㉠, ㉣, ㉤
④ ㉡, ㉢, ㉣

03
「부가가치세법」상 재화 및 용역의 공급에 대한 설명으로 옳지 않은 것은?

① 사업자가 위탁가공을 위하여 원자재를 국외의 수탁가공 사업자에게 대가 없이 반출하는 것(영세율이 적용되는 것은 제외)은 재화의 공급으로 보지 아니한다.
② 여행업자의 부가가치세 공급가액은 관광객으로부터 받는 알선수수료와 알선용역에 필수적으로 부수하여 발생되는 대가관계에 있는 모든 금전적 가치 있는 것을 포함하고 관광객으로부터 단순히 수탁받아 지급하는 숙박비, 운송비 등은 포함하지 아니한다.
③ 개인·법인 등이 공급하는 국선변호와 법률구조용역, 국선대리인의 국선대리용역, 후견인(후견감독인)의 후견사무용역, 학술연구 및 기술연구용역, 직업소개 및 상담용역, 장애인보조견 훈련용역, 가사서비스 제공기관의 가사서비스 등에 대하여는 부가가치세를 면세한다.
④ 원료를 대가 없이 국외의 수탁가공 사업자에게 반출하여 가공한 재화를 양도하는 경우에 그 원료의 반출은 영세율 적용대상이 되는 재화의 공급으로 보지 아니한다.

04
「국세기본법」의 우편신고 및 전자신고에 대한 설명으로 옳은 것은?

① 과세표준신고서 등을 국세정보통신망을 이용하여 제출하는 경우에는 해당 신고서 등이 국세정보통신망에 저장된 때에 신고되거나 청구된 것으로 본다.
② 전자신고 또는 전자청구된 경우 과세표준신고 또는 과세표준수정신고와 관련된 서류 중 대통령령으로 정하는 서류에 대해서는 대통령령으로 정하는 바에 따라 10일의 범위에서 제출기한을 연장할 수 있다.
③ 우편으로 과세표준신고서, 과세표준수정신고서, 경정청구서 또는 과세표준신고·과세표준수정신고·경정청구와 관련된 서류를 제출한 경우 「우편법」에 따른 우편날짜도장이 찍힌 날의 다음날에 신고되거나 청구된 것으로 본다. 단, 우편날짜도장이 찍히지 아니하였거나 분명하지 아니한 경우에는 통상 걸리는 배송일수를 기준으로 발송한 날로 인정되는 날에 신고되거나 청구된 것으로 본다.
④ 심사청구 기한까지 우편으로 제출한 심사청구서가 청구기간을 지나서 도달한 경우에는 그 기간 만료일의 다음날에 적법한 청구를 한 것으로 본다.

05

「국세기본법」상 납세의무 확정에 대한 설명으로 옳지 않은 것은?

① 납세조합이 징수하는 소득세는 납세의무가 성립할 때에 특별한 절차 없이 그 세액이 확정된다.
② 종합부동산세는 정부부과세목이므로 과세표준신고서 제출 여부에 관계없이 정부가 과세표준과 세액을 결정하거나 경정하는 때에 그 결정 또는 경정에 따라 확정된다.
③ 신고납부세목에 대한 과세표준신고서를 법정신고기한까지 제출한 자의 수정신고는 당초 신고에 따라 확정된 세액에 관한 권리·의무관계에 영향을 미치지 아니한다.
④ 세법에 따라 당초 확정된 세액을 감소시키는 경정은 그 경정으로 감소되는 세액 외의 세액에 관한 「국세기본법」 또는 세법에서 규정하는 권리·의무관계에 영향을 미치지 아니한다.

06

「국세기본법」상 후발적 사유로 인한 경정청구를 할 수 있는 경우가 아닌 것은?

① 최초의 신고·결정 또는 경정에서 과세표준 및 세액의 계산 근거가 된 거래 또는 행위 등이 그에 관한 심사청구, 심판청구, 「감사원법」에 따른 심사청구에 대한 결정이나 소송에 대한 판결(판결과 같은 효력을 가지는 화해나 그 밖의 행위를 포함)에 의하여 다른 것으로 확정되었을 때
② 소득이나 그 밖의 과세물건의 귀속을 제3자에게로 변경시키는 결정 또는 경정이 있을 때
③ 과세표준신고서 또는 기한후과세표준신고서에 기재된 과세표준 및 세액(각 세법에 따라 결정 또는 경정이 있는 경우에는 해당 결정 또는 경정 후의 과세표준 및 세액을 말한다)이 세법에 따라 신고하여야 할 과세표준 및 세액에 미달하는 경우
④ 해당 국세의 법정신고기한이 지난 후 최초의 신고·결정 또는 경정을 할 때 장부 및 증거서류의 압수, 그 밖의 부득이한 사유로 과세표준 및 세액을 계산할 수 없었으나 그 후 해당 사유가 소멸한 경우

07

다음은 「국세기본법」상 심판청구를 각하하는 결정을 하는 경우에 대한 설명이다. 잘못된 것은 무엇인가?

① 심사청구와 심판청구를 같은 날 제기한 경우
② 불복청구의 대상이 되는 처분에 의해 권리·이익을 침해당하지 않은 경우
③ 대리권 없는 자가 대리인으로서 불복청구하는 경우
④ 불복청구의 대상이 되는 처분이 존재하지 않을 때

08

「국세기본법」상 과세전적부심사의 청구를 할 수 있는 경우는 모두 몇 개인가?

> ㉠ 과세전적부심사 청구금액이 10억 원 이상인 것
> ㉡ 납부고지하려는 세액이 50만 원인 과세예고 통지를 받은 경우
> ㉢ 「조세범 처벌법」 위반으로 통고처분하는 경우의 해당 세액
> ㉣ 세무조사 결과에 대한 서면통지를 받은 경우
> ㉤ 세무조사 결과 통지 및 과세예고 통지를 하는 날부터 국세 부과 제척기간의 만료일까지의 기간이 3개월 이하인 경우
> ㉥ 납부기한 전 징수의 사유가 있거나 세법에서 규정하는 수시부과의 사유가 있는 경우

① 2개   ② 3개
③ 4개   ④ 5개

09
「법인세법」상 신탁소득에 대한 설명으로 올바르지 않은 것은?

① 신탁재산에 귀속되는 소득에 대해서는 그 신탁의 이익을 받을 수익자가 그 신탁재산을 가진 것으로 보고 법인세법을 적용하는 것이 원칙이다.
② 법인과세 수탁자는 법인과세 신탁재산에 귀속되는 소득에 대하여 그 밖의 소득과 구분하여 법인세를 납부하여야 한다.
③ 위탁자가 신탁재산을 실질적으로 통제하는 등 대통령령으로 정하는 요건을 충족하는 신탁의 경우에는 신탁재산에 귀속되는 소득에 대하여 그 신탁의 수탁자가 법인세를 납부할 의무가 있다.
④ 목적신탁, 수익증권발행신탁, 유한책임신탁 등으로서 수익자가 둘 이상이고 위탁자가 통제권을 행사하지 않는 경우에는 신탁재산에 귀속되는 소득에 대하여 신탁계약에 따라 그 신탁의 수탁자(내국법인 또는 거주자인 경우에 한정)가 법인세를 납부할 의무가 있다. 이 경우 신탁재산별로 각각을 하나의 내국법인으로 본다.

10
「법인세법」상 내국법인의 각 사업연도의 소득과 과세표준의 계산에 관한 설명 중 옳은 것은?

① 각 사업연도의 소득은 그 사업연도에 속하는 익금의 총액에서 그 사업연도에 속하는 손금의 총액을 공제한 금액으로 하고 각 사업연도의 결손금은 그 사업연도에 속하는 손금의 총액이 그 사업연도에 속하는 익금의 총액을 초과하는 경우에 그 초과하는 금액으로 한다.
② 각 사업연도의 개시일 전 10년 이내에 발생한 이월결손금에 한해서 각 사업연도의 소득에서 공제할 수 있다.
③ 해당 사업연도의 과세표준을 계산할 때 공제되지 아니한 비과세소득 및 소득공제액 및 「조세특례제한법」 제132조에 따른 최저한세의 적용으로 인하여 공제되지 아니한 소득공제액은 해당 사업연도의 다음 사업연도 이후로 이월하여 공제할 수 있다.
④ 내국법인의 각 사업연도의 소득에 대한 법인세의 과세표준은 각 사업연도의 소득의 범위에서 이월결손금, 비과세소득, 소득공제액을 차례로 공제한 금액으로 한다. 다만, 이월결손금 공제는 각 사업연도 소득의 100분의 60(중소기업과 회생계획을 이행 중인 기업 등 대통령령으로 정하는 법인의 경우는 100분의 100)을 한도로 한다.

11
「법인세법」상 사업연도에 대한 설명으로 옳지 않은 것은?

① 국내사업장이 있는 외국법인이 사업연도 중에 그 국내사업장을 가지지 아니하게 된 경우(단, 국내에 다른 사업장을 계속하여 가지고 있는 경우는 제외)에는 그 사업연도 개시일부터 그 사업장을 가지지 아니하게 된 날까지의 기간을 그 법인의 1사업연도로 본다.
② 내국법인이 사업연도 중에 합병에 따라 해산한 경우에는 그 사업연도 개시일부터 합병등기일 전날까지의 기간을 그 해산한 법인의 1사업연도로 본다.
③ 내국법인이 사업연도 중에 연결납세방식을 적용받는 경우에는 그 사업연도 개시일부터 연결사업연도 개시일 전날까지의 기간을 1사업연도로 본다.
④ 법령이나 정관 등에 사업연도에 관한 규정이 없는 내국법인은 따로 사업연도를 정하여 「법인세법」에 따른 법인 설립신고 또는 사업자등록과 함께 납세지 관할 세무서장에게 사업연도를 신고하여야 한다.

12
다음 중 「법인세법」상 지급이자의 손금불산입에 대한 설명이다. 옳지 않은 것은?

① 건설자금이자 계상 대상에는 사업용 유형자산 및 무형자산뿐만 아니라 투자자산 및 제조 등 장기간 소요되는 재고자산이 포함된다.
② 직원에 대한 일시적인 급료가불금, 경조사비 또는 학자금 대여액, 중소기업에 근무하는 직원에 대한 주택구입 또는 전세자금 대여액은 손금불산입 대상이 되는 업무무관 가지급금에 해당하지 않는다.
③ 지급이자 손금불산입의 적용 순위는 채권자 불분명 사채이자, 지급받은 자가 불분명한 채권·증권의 이자, 건설자금에 충당한 차입금의 이자, 업무무관자산 등에 대한 지급이자 순이다.
④ 특정차입금 중 해당 건설 등이 준공된 후에 남은 차입금에 대한 이자는 각사업연도의 손금으로 한다.

13

「소득세법」 제4조 소득의 구분에서 종합소득을 구성하는 것만을 모두 고른 것은?

> ㉠ 출자공동사업자의 배당소득
> ㉡ 양도소득
> ㉢ 일용근로소득
> ㉣ 퇴직연금계좌에서 연금외 수령하는 소득
> ㉤ 부동산임대사업소득
> ㉥ 공적연금소득
> ㉦ 직장공제회 초과반환금
> ㉧ 중소기업의 종업원이 주택 구입자금을 무상으로 대여받음으로써 얻는 이익

① ㉠, ㉡
② ㉡, ㉢, ㉣
③ ㉠, ㉤, ㉥
④ ㉠, ㉢, ㉣, ㉥

14

「소득세법」상 납세의무자에 대한 설명이다. 잘못된 것은?

① 국외에 거주 또는 근무하는 자가 외국 국적을 가졌거나 영주권을 얻은 자가 국내에 생계를 같이하는 가족이 없고, 직업 및 자산상태에 비추어 다시 입국하여 주로 국내에 거주하는 것으로 인정할 수 없을 때에는 비거주자로 본다.
② 「국세기본법」에 따른 법인 아닌 단체 중 법인으로 보는 단체 외의 법인 아닌 단체는 거주자로 보아 「소득세법」을 적용한다.
③ 해당 승무원과 생계를 같이하는 가족이 거주하는 장소 또는 해당 승무원이 근무기간 외의 기간 중 통상체재하는 장소가 국외에 있는 때에는 비거주자로 본다.
④ 주한외교관은 국내에 주소가 있는지 여부 및 국내 거주기간에 불구하고 그 신분에 따라 비거주자로 본다.

15

「소득세법」상 사업장 현황신고 및 성실신고확인에 관한 설명으로 옳지 않은 것은?

① 「부가가치세법」에 따라 적법하게 신고한 일반과세자는 해당 과세기간의 다음 연도 2월 10일까지 사업장 현황을 관할 세무서장에게 신고할 의무가 없다.
② 주로 소비자에게 용역을 제공하는 「의료법」에 따른 의료업을 행하는 사업자가 해당 과세기간의 다음 연도 2월 10일까지 사업장 현황신고를 하지 아니한 경우 사업장현황신고불성실가산세 적용대상이 된다.
③ 성실신고 확인대상 사업자가 그 과세기간의 다음 연도 5월 31일까지 성실신고확인서를 제출하지 아니한 경우 성실신고확인서 미제출 가산세 적용대상이 된다.
④ 성실신고 확인대상 사업자가 성실신고확인서를 제출하는 경우 종합소득과세표준확정신고를 그 과세기간의 다음 연도 5월 1일부터 6월 30일까지 하여야 한다.

16

「소득세법」상 양도소득에 대한 설명으로 옳은 것은?

① 양도소득세 확정신고에 따라 납부할 양도소득세액이 2천만원을 초과하는 거주자는 그 초과세액의 100분의 50 이하의 금액을 납부기한이 지난 후 2개월 이내에 분할납부할 수 있다.
② 양도란 재산에 대한 등기 또는 등록과 관계없이 매도·교환·법인에 대한 현물출자 등으로 인하여 그 자산이 유상 또는 무상으로 사실상 이전되는 것을 말한다.
③ 1주택을 보유하는 1세대를 구성하고 있는 자가 1주택을 보유하고 있는 60세 이상의 직계존속을 동거봉양하기 위하여 세대를 합침으로써 1세대 2주택이 된 경우 합친 날부터 10년 이내 먼저 양도하는 주택의 경우에는 양도 당시 1주택을 소유한 것으로 본다.
④ 거주자는 예외 없이 국내자산 뿐 아니라 국외자산에 대한 양도소득세 납세의무를 진다.

17

「부가가치세법」상 간이과세에 대한 설명으로 옳은 것은?

① 간이과세자는 음식업과 제조업에 한하여 의제매입세액공제를 받을 수 있다.
② 간이과세자는 예정부과기간에 세금계산서 발급 여부에 관계없이 예정부과기간의 과세표준과 납부세액을 예정부과기한까지 사업장 관할 세무서장에게 신고할 수 없고 예정부과기간에 대한 고지세액을 납부하여야 한다.
③ 납부의무가 면제되는 간이과세 사업자가 세액을 자진 납부한 사실이 확인되면 납세지 관할 세무서장은 납부한 금액을 환급하여야 한다.
④ 간이과세자가 일반과세자에 관한 규정을 적용받기 위하여 간이과세포기신고를 한 경우에는 그 적용받으려는 달의 1일부터 5년이 되는 날이 속하는 과세기간까지는 일반과세자에 관한 규정을 적용받아야 한다.

18

다음 중 「부가가치세법」상 대손세액공제에 관한 설명으로 옳은 것은?

① 대손세액공제를 적용받고자 하는 사업자는 대손사실을 증명하는 서류와 함께 해당 신고서를 예정신고 또는 확정신고시 세무서장에게 제출(국세정보통신망에 의한 제출을 포함)하여야 한다.
② 대손세액은 대손금액의 100분의 10으로 한다.
③ 대손세액공제의 범위는 사업자가 부가가치세가 과세되는 재화 또는 용역을 공급한 후 그 공급일로부터 10년이 지난날이 속하는 과세기간에 대한 확정신고기한까지 법령에서 정한 사유로 확정되는 대손세액으로 한다.
④ 회수기일이 6개월 이상 지난 채권 중 채권가액이 50만 원(채무자별 채권가액의 합계액을 기준)인 채권은 「부가가치세법」상 대손세액 공제를 받을 수 있다.

19

「부가가치세법」상 재화의 수입에 대한 부가가치세 납부유예에 관한 설명으로 옳지 않은 것은?

① 세관장은 중소·중견사업자가 물품을 제조·가공하기 위한 원재료 등 대통령령으로 정하는 재화의 수입에 대하여 부가가치세의 납부유예를 미리 신청하는 경우에는 해당 재화를 수입할 때 부가가치세의 납부를 유예할 수 있으며, 이 경우 그 유예기간은 1년으로 한다.
② 세관장은 부가가치세의 납부가 유예된 중소·중견사업자가 「조세범처벌법」 또는 「관세법」 위반으로 국세청장·지방국세청장·세무서장 또는 관세청장·세관장으로부터 고발된 경우에는 그 납부의 유예를 취소할 수 있다.
③ 수입재화에 대한 납부를 유예받은 중소·중견사업자는 납세지 관할 세무서장에게 예정신고 또는 확정신고 등을 할 때 그 납부가 유예된 세액을 정산하거나 납부하여야 한다. 이 경우 납세지 관할 세무서장에게 납부한 세액은 세관장에게 납부한 것으로 본다.
④ 수입재화에 대한 납부유예를 신청하는 경우 사업자가 직전 사업연도에 「조세특례제한법 시행령」에 따른 중견기업인 경우에는 직전 사업연도에 공급한 재화 또는 용역의 공급가액의 합계액에서 수출액이 차지하는 비율이 50퍼센트 이상이어야 납부유예 신청이 가능하다.

20

「부가가치세법」상 환급에 관한 설명으로 옳은 것은?

① 납세지 관할 세무서장은 각 과세기간별로 그 과세기간에 대한 환급세액을 확정신고한 사업자에게 그 확정신고한 날로부터 30일 이내에 사업자에게 환급하여야 한다.
② 조기환급 적용사업자가 과세기간 중 매월 또는 매 2월에 조기환급기간이 끝난 날부터 25일 이내에 조기환급기간에 대한 환급세액을 관할 세무서장에게 신고하는 경우 조기환급기간에 대한 환급세액을 각 조기환급기간별로 해당 조기환급 신고일로부터 15일 이내에 사업자에게 환급하여야 한다.
③ 관할 세무서장은 결정·경정에 의하여 추가로 발생한 환급세액이 있는 경우에는 결정·경정의 종료일로부터 10일 이내에 사업자에게 환급하여야 한다.
④ 조기환급세액은 영세율이 적용되는 공급분에 관련된 매입세액·시설투자에 관련된 매입세액 또는 국내공급분에 대한 매입세액을 구분하지 아니하고 사업장별로 해당 매출세액에서 매입세액을 공제하여 계산한다.

회계학 전공강화 동형 모의고사 6회

01
재무제표 표시에 대한 설명으로 옳은 것은?

① 외환손익 또는 단기매매 금융상품에서 발생하는 손익과 같이 유사한 거래의 집합에서 발생하는 차익과 차손은 중요한 경우에도 순액으로 표시한다.
② 충당부채와 관련된 지출을 제3자와의 계약관계(예: 공급자의 보증약정)에 따라 보전 받는 경우, 당해 지출과 보전받는 금액은 상계하여 표시할 수 없다.
③ 한국채택국제회계기준은 오직 재무제표에만 적용하며 연차보고서, 감독기구 제출서류 또는 다른 문서에 표시되는 그 밖의 정보에 반드시 적용하여야 하는 것은 아니다.
④ 일반적으로 수익과 비용은 포괄손익계산서에 특별손익 항목으로 표시할 수 없지만, 천재지변 등 예외적인 경우에 한하여 해당 수익과 비용을 특별손익 항목으로 주석에 표시할 수 있다.

02
㈜원준의 2024년 말 재무상태표상 순확정급여부채는?

- 2023년 말 확정급여제도에 따라 계상해야 할 확정급여채무는 ₩300,000, 사외적립자산에 출연된 금액은 ₩290,000이다.
- 2024년 중 퇴직한 종업원에게 지급한 퇴직금은 ₩10,000이다.
- 2024년에 추가로 인식해야 할 확정급여채무는 ₩20,000, 사외적립자산 추가 적립액은 ₩15,000이다.
- 이자수익(비용)과 화폐의 시간가치는 고려하지 않는다.

① ₩15,000 ② ₩10,000
③ ₩11,000 ④ ₩12,000

03
㈜아영의 경리담당자인 이만재 부장의 사채 이자비용에 대한 설명으로 옳지 않은 것은? (단, 이자율은 0보다 크다)

① 사채가 할증발행된다면 만기에 가까워질수록 매년 사채의 유효이자율은 감소한다.
② 사채가 할인발행된다면 만기에 가까워질수록 매년 사채의 유효이자는 증가한다.
③ 사채가 할증발행된다면 매년 사채의 유효이자는 액면이자보다 작다.
④ 사채가 액면발행된다면 매년 사채의 유효이자는 액면이자와 같다.

04
㈜창희는 20×1년 중에 토지를 ₩100,000에 취득하였으며, 매 보고기간마다 재평가모형을 적용하기로 하였다. 20×1년 말과 20×2년 말 현재 토지의 공정가치가 각각 ₩120,000과 ₩110,000이라고 할 때, 다음 설명 중 옳은 것은?

① 20×1년에 당기순이익이 ₩20,000 증가한다.
② 20×2년에 당기순이익이 ₩10,000 감소한다.
③ 20×2년말 현재 재평가잉여금 잔액은 ₩20,000이다.
④ 20×2년말 재무상태표에 보고되는 토지 금액은 ₩110,000이다.

05
2024년 초에 영업활동을 개시한 ㈜지연의 회계담당자는 2024 회계연도의 당기순이익을 ₩200,000으로 계산하였다. 그러나 회계감사인은 회계담당자가 계산한 당기순이익에는 다음 항목의 기말 잔액에 대한 수정분개결과가 반영되지 않았다는 사실을 지적하였다.

- 선수수익 ₩15,000
- 선급비용 ₩35,000
- 미지급비용 ₩25,000
- 미수수익 ₩45,000

위 사항을 반영하여 ㈜지연의 2024 회계연도의 당기순이익을 계산하면?

① ₩180,000 ② ₩190,000
③ ₩240,000 ④ ₩270,000

06

㈜종현은 취득원가 ₩500,000, 감가상각누계액 ₩300,000인 기계장치를 보유하고 있다. ㈜종현은 해당 기계장치를 제공함과 동시에 현금 ₩50,000을 수취하고 새로운 기계장치와 교환하였다. ㈜종현이 보유하고 있던 기계장치의 공정가치가 ₩300,000으로 추정될 때, 교환에 의한 회계처리로 옳지 않은 것은?

① 상업적 실질이 있는 경우 새로운 기계장치의 취득원가는 ₩300,000으로 인식한다.
② 상업적 실질이 있는 경우 제공한 기계장치의 처분이익은 ₩100,000으로 인식한다.
③ 상업적 실질이 결여된 경우 새로운 기계장치의 취득원가는 ₩150,000으로 인식한다.
④ 상업적 실질이 결여된 경우 제공한 기계장치의 처분손익은 인식하지 않는다.

07

2024년 1월 1일에 영업을 개시한 ㈜세현은 단위당 판매가격 ₩1,000, 단위당 변동원가 ₩700 그리고 총고정원가가 ₩40,000인 연필을 생산하여 판매하고 있다. ㈜세현의 당해 연도에 생산된 연필은 당기 중에 모두 판매된다. 한편 ㈜세현의 세전이익에 대해 ₩10,000까지는 30%, ₩10,000을 초과하는 금액에 대해서는 40%의 세율이 적용된다. 만일 ㈜세현이 2024년도에 ₩13,000의 세후순이익을 보고하였다면 2024년도에 판매한 연필의 수량은?

① 200개
② 250개
③ 300개
④ 350개

08

㈜석원의 2024년 보통주의 변동내역은 아래와 같다. 4월 1일 실시한 보통주식의 유상증자는 주주우선 배정방식에 따른 것으로, 공정가치 미만으로 실시되었다. 유상증자 직전 주당공정가치는 ₩80이며, 유상증자 시 주당 실제 발행금액은 ₩40이다. 이때 2024년도 ㈜석원의 가중평균유통 보통주식 수는 몇 주인가? (단, 모든 계산은 월 단위 계산을 기준으로 하며, 이론적 권리락 주당공정가치 및 조정비율 계산 시 소수점 둘째 자리 이하는 버린다)

구 분	보통 주식 수
기 초	9,000
10월 1일 유상증자	9,000
기 말	18,000

① 13,000주
② 13,500주
③ 14,000주
④ 14,500주

09

「국가회계기준에 관한 규칙」상 재무제표에 대한 설명으로 옳은 것은?

① 자산은 유동자산, 투자자산, 일반유형자산, 사회기반시설, 주민편의시설 및 기타비유동자산으로 구분한다.
② 재정상태표는 재정상태표일 현재의 자산과 부채의 명세 및 상호관계 등 재정상태를 나타내는 재무제표로서 자산, 부채 및 순자산으로 구성된다.
③ 현금흐름표는 회계연도 중의 순현금흐름에 회계연도 초의 현금을 더하여 회계연도 말 현재의 현금을 산출하는 형식으로 표시한다.
④ 순자산은 고정순자산, 특정순자산 및 일반순자산으로 분류한다.

10

㈜다래의 2024년 법인세비용차감전순이익은 ₩600,000 이다. 세무조정 결과, ₩100,000의 차감할 일시적 차이와 ₩150,000의 가산할 일시적 차이가 발생하였다. 차감할 일시적 차이는 모두 2025년에 소멸되고, 가산할 일시적 차이는 2026년 이후에 소멸될 것으로 예상된다. 법인세율은 2024년에 30%이고, 개정된 세법에 따라 2025년에 25%, 2026년 이후에는 20%가 적용된다. 2024년 말 회계처리로 옳은 것은? (단, 이연법인세자산은 미래 과세소득의 발생가능성이 높다)

차변	대변
① 법인세비용 ₩140,000 이연법인세자산 ₩25,000	미지급법인세 ₩135,000 이연법인세부채 ₩30,000
② 법인세비용 ₩130,000 이연법인세자산 ₩30,000	미지급법인세 ₩135,000 이연법인세부채 ₩25,000
③ 법인세비용 ₩170,000 이연법인세자산 ₩25,000	미지급법인세 ₩165,000 이연법인세부채 ₩30,000
④ 법인세비용 ₩160,000 이연법인세자산 ₩30,000	미지급법인세 ₩165,000 이연법인세부채 ₩25,000

11

12월 결산법인인 ㈜대희는 2024년 초에 ㈜혜미가 발행한 주식의 25%인 200주를 현금으로 매입하였다. 2024년 말 ㈜혜미는 당기순이익 ₩6,000,000을 보고하였으며, 동일자에 주주들에게 배당금 ₩800,000을 지급하였다. 이상의 거래만을 고려한, 2024년 말 ㈜대희의 관계기업주식이 ₩2,300,000일 경우 2024년 초 취득원가와 지분법이익은?

	취득원가	지분법이익
①	₩1,000,000	₩1,500,000
②	₩1,000,000	₩1,300,000
③	₩1,300,000	₩1,500,000
④	₩1,300,000	₩1,300,000

12

「국가회계기준에 관한 규칙」에 대한 설명으로 옳은 것은?

① 국세징수활동표는 재무제표에 표시된 회계과목에 대한 세부 명세를 명시할 필요가 있을 때에 추가적인 정보를 제공하기 위해 작성된 필수보충정보이다.
② 유산자산의 종류, 수량 및 관리상태는 주석으로 표시한다.
③ 금융리스는 리스료를 내재이자율로 할인한 가액과 리스자산의 공정가액 중 낮은 금액을 리스자산과 리스부채로 각각 계상하여 감가상각한다.
④ 기본순자산은 임의적립금, 전기이월결손금·잉여금, 재정운영결과 등을 표시한다.

13

㈜재헌의 재무담당자인 정은주 과장의 결산수정분개에 대한 설명으로 옳지 않은 것은?

① 장래에 용역을 제공하기로 하고 대금을 미리 받은 경우, 결산기 말까지 용역을 제공한 부분은 수익으로 계상하고 미제공한 부분은 부채로 계상한다.
② 유형자산 감가상각 시 차변은 감가상각비로 계상하고 대변은 감가상각누계액으로 계상한다.
③ 당기에 속하는 전기료를 지급하지 않았다면 차변에 비용으로 계상하고 대변에 미지급비용으로 계상한다.
④ 소모품 취득 시 자산으로 기록하였다면 결산기말까지 미사용한 부분만큼 비용으로 처리한다.

14

회계변경 또는 회계선택 결과로 당기순이익이 감소하는 것은? (단, 회계변경은 모두 정당한 변경으로 간주한다)

① 매입한 재고자산의 단가가 계속 상승할 때, 재고자산 단위원가 결정방법을 가중평균법에서 선입선출법으로 변경하였다.
② 정액법을 적용하여 감가상각하는 비품의 내용연수를 5년에서 4년으로 변경하였다.
③ 신규취득 기계장치의 감가상각비 계산 시 정률법이 아닌 정액법을 선택하였다.
④ 올해 취득한 기계장치에 대해 평가증이 발생하여 이를 재평가잉여금으로 처리하였다.

15

㈜지은은 20×1년 1월 1일 ㈜주연의 지분 100%를 취득하여 흡수합병하면서, 주당 공정가치 ₩9,000, 액면금액 ₩5,000의 ㈜지은 주식 50주를 발행하여 이전대가로 ㈜주연의 주주에게 지급하였다. 취득일 현재 ㈜주연의 식별가능한 자산과 부채의 장부금액과 공정가치가 다음과 같을 때, ㈜지은이 인식할 영업권은?

재무상태표

㈜주연 20×1. 1. 1. 현재

	장부금액	공정가치		장부금액	공정가치
현금	₩100,000	₩100,000	단기차입금	₩50,000	₩50,000
재고자산	₩100,000	₩150,000	자본금(주당 ₩5,000)	₩130,000	
비유동자산	₩100,000	₩200,000	이익잉여금	₩120,000	

① ₩50,000 ② ₩100,000
③ ₩150,000 ④ ₩200,000

16

㈜용구는 내부관리 목적으로 표준원가계산시스템을 채택하고 있고, 표준노무시간은 제품단위당 5시간이다. 제품의 실제 생산량은 2,300단위이고 고정제조간접원가 실제발생액은 ₩900,000이다. 이 회사는 고정제조간접원가를 노무시간을 기준으로 배부하며 기준조업도는 10,000노무시간이다. 고정제조간접원가 예산차이가 ₩100,000 유리하다면 조업도차이는?

① ₩100,000 불리 ② ₩100,000 유리
③ ₩150,000 불리 ④ ₩150,000 유리

17

㈜시은의 자료가 다음과 같을 때, 옳은 것은?

○ 상품 단위당 판매가격　₩100
○ 당기 판매량　100개
○ 당기총고정원가　₩500
○ 공헌이익률　10 %
○ 법인세율　50 %

① 세후이익은 ₩500이다.
② 손익분기점 매출액은 ₩6,000이다.
③ 안전한계는 ₩4,000이다.
④ 영업레버리지도는 2이다.

18

㈜상아는 20×1년 1월 1일에 종업원 80명에게 주식선택권을 10개씩 부여하였고, 동 주식선택권은 종업원이 앞으로 3년간 용역을 제공할 경우 가득된다. 20×1년 1월 1일 현재 ㈜상아가 부여한 주식선택권의 단위당 공정가치는 ₩12이고, 각 연도말 주식선택권의 단위당 공정가치가 다음과 같을 때, ㈜상아가 인식할 20×2년도 주식보상비용은? (단, 주식선택권을 부여받은 종업원 중 퇴사할 종업원은 없다고 가정한다)

일자	20×1. 12. 31.	20×2. 12. 31.	20×3. 12. 31.
단위당 공정가치	₩12	₩15	₩18

① ₩2,400 ② ₩2,800
③ ₩3,200 ④ ₩4,000

19
다음 중 '중간재무제표'의 내용으로 올바른 것은?

① 중간재무제표에서 재고자산평가, 자산감액 관련 손실 등을 인식하고 측정할 때는 연간재무제표와 동일한 회계처리 방법을 적용할 수 없다.
② 중간기간 중에 회계추정치의 변경이 있을 때는 당해연도의 이전 중간재무제표를 소급하여 재작성한다.
③ 소매업 등의 계절적 수익 등은 전액 발생한 중간기간의 수익으로 인식하지 않고 계절성을 고려하여 조정 인식할 수 있다.
④ 연차재무보고서 및 중간재무보고서가 한국채택국제회계기준에 따라 작성되었는지는 개별적으로 평가한다.

20
㈜유라는 제품 단위당 4g의 재료를 사용한다. 재료 1g당 가격은 ₩0.8이며, 다음 분기 재료 목표사용량의 30%를 분기말 재고로 유지한다. 분기별 생산량이 다음과 같을 때 1분기의 재료 구입수량은 얼마인가?

구 분	1분기	2분기
실제생산량 (= 목표생산량)	25,000	30,000

① 104,000g
② 106,000g
③ 108,000g
④ 110,000g

세법 전공강화 동형 모의고사 6회

01
「국세기본법」상 법인으로 보는 단체에 대한 설명으로 옳지 않은 것은?

① 전환 국립대학 법인에 대한 국세의 납세의무(국세를 징수하여 납부할 의무는 제외)를 적용할 때에는 전환 국립대학 법인을 별도의 법인으로 보지 아니하고 국립대학 법인으로 전환되기 전의 국립학교 또는 공립학교로 본다. 다만, 전환 국립대학 법인이 해당 법인의 설립근거가 되는 법률에 따른 교육·연구 활동에 지장이 없는 범위 외의 수익사업을 하는 경우의 납세의무에 대해서는 그러하지 아니하다.
② 신청 및 승인에 의해 법인으로 보는 법인 아닌 단체는 그 신청에 대하여 관할 세무서장의 승인을 받은 날이 속하는 과세기간과 그 과세기간이 끝난 날부터 5년이 되는 날이 속하는 과세기간까지는 「소득세법」에 따른 거주자 또는 비거주자로 변경할 수 없다. 다만, 법정 요건을 갖추지 못하게 되어 승인취소를 받는 경우에는 그러하지 아니하다.
③ 공익을 목적으로 출연(出捐)된 기본재산이 있는 재단으로서 등기되지 아니한 것으로서 수익을 구성원에게 분배하지 아니하는 것은 법인으로 보아 「국세기본법」 및 세법을 적용한다.
④ 주무관청의 허가 또는 인가를 받아 설립되거나 법령에 따라 주무관청에 등록한 사단, 재단, 그 밖의 단체로서 등기되지 아니한 것으로서 수익을 구성원에게 분배하지 아니하는 것은 신청·승인 없이 법인으로 보아 「국세기본법」 및 세법을 적용한다.

02
「국세기본법」상 납세의무에 대한 설명으로 옳지 않은 것은?

① 출자자의 제2차 납세의무에 있어서 대통령령으로 정하는 증권시장에 주권이 상장된 법인의 출자자는 제2차 납세의무 대상에서 제외한다.
② 국세의 징수를 목적으로 하는 국가의 권리는 이를 행사할 수 있는 때부터 5년(5억 원 이상의 국세는 10년) 동안 행사하지 아니하면 소멸시효가 완성된다. 이 경우 국세의 금액은 가산세를 제외한 금액으로 판단한다.
③ 신고납부세목에 해당하는 국세의 수정신고(과세표준신고서를 법정신고기한까지 제출한 자 및 기한후과세표준신고서를 제출한 자에 한정함)는 당초의 신고에 따라 확정된 과세표준과세액을 증액하여 확정하는 효력을 가진다.
④ 부가가치세는 납세의무자가 과세표준과 세액을 정부에 신고했을 때에 확정된다. 다만, 납세의무자가 과세표준과 세액의 신고를 하지 아니하거나 신고한 과세표준과 세액이 세법에서 정하는 바와 맞지 아니한 경우에는 정부가 과세표준과 세액을 결정하거나 경정하는 때에 그 결정 또는 경정에 따라 확정된다.

03
「국세기본법」상 연대납세의무에 대한 설명으로 옳지 않은 것은?

① 법인이 분할 또는 분할합병한 후 소멸하는 경우 분할신설법인 및 분할합병의 상대방 법인은 분할법인에 부과되거나 분할법인이 납부하여야 할 국세 및 강제징수비에 대하여 분할로 승계된 재산가액을 한도로 연대하여 납부할 의무가 있다.
② 법인이 분할되거나 분할합병된 후 분할법인이 존속하는 경우 분할법인, 분할신설법인, 분할합병의 상대방법인은 분할등기일 이전에 분할법인에 부과되거나 납세의무가 성립한 국세 및 강제징수비에 대하여 분할로 승계된 재산가액을 한도로 연대하여 납부할 의무가 있다.
③ 공동사업자는 그 공동사업 또는 그 공동사업에 속하는 재산과 관계되는 소득세, 부가가치세 및 강제징수비에 대하여 연대하여 납부할 의무를 지지 아니한다.
④ 법인이 「채무자 회생 및 파산에 관한 법률」 제215조에 따라 신회사를 설립하는 경우 기존의 법인에 부과되거나 납세의무가 성립한 국세 및 강제징수비는 신회사가 연대하여 납부할 의무를 진다.

04

「국세기본법」상 불복에 대한 설명이다. 옳은 것은?

① 이의신청을 받은 세무서장 또는 지방국세청장은 이의신청인이 송부받은 의견서에 대하여 결정기간 내에 항변하는 경우에는 이의신청을 받은 날부터 60일 이내에 결정하여야 한다.
② 심판청구는 대통령령으로 정하는 바에 따라 불복의 사유를 갖추어 해당 처분을 하였거나 하였어야 할 세무서장을 거쳐 국세청장에게 하여야 한다.
③ 국세청장은 심사청구의 내용이나 절차가 「국세기본법」 또는 세법에 적합하지 아니하나 보정(補正)할 수 있다고 인정되면 상당한 기간을 정하여 보정할 것을 요구할 수 있다. 다만, 보정할 사항이 경미한 경우에는 직권으로 보정할 수 있다.
④ 불복에 대한 결정은 관계행정청을 기속하므로 재결청이 재조사 결정을 내린 경우 처분청은 재조사 결정일로부터 60일 이내에 결정서 주문에 기재된 범위에 한정하여 조사하고, 그 결과에 따라 당초 처분을 취소·경정하거나 필요한 처분을 반드시 하여야 한다.

05

「국세기본법」상 가산세에 관한 설명으로 옳지 않은 것은?

① 「인지세법」 제8조제1항에 따른 인지세를 법정납부기한이 지난 후 3개월 이내에 납부한 경우에는 납부하지 아니한 세액 또는 과소납부분 세액의 100분의 300을 가산세로 한다.
② 소득세법상 지급명세서제출불성실가산세는 5천만 원(비중소기업은 1억 원)을 한도로 하되, 제출 의무를 부담하는 자가 이를 고의적으로 위반한 경우에는 가산세의 한도를 두지 아니한다.
③ 가산세는 해당 의무가 규정된 세법의 해당 국세의 세목(稅目)으로 한다. 다만, 해당 국세를 감면하는 경우에는 가산세는 그 감면 대상에 포함시키지 아니하는 것으로 한다.
④ 법정신고기한이 지난 후 1개월 이내에 기한 후 신고를 하였으나 납부는 하지 않은 경우에도 무신고가산세의 50%를 감면한다.

06

「법인세법」상 사업연도에 대한 설명이다. 옳지 않은 것은?

① 외국법인의 최초 사업연도 개시일은 국내사업장을 가지게 된 날이며, 국내사업장이 없는 경우 소득이 최초로 발생한 날이다.
② 내국법인의 최초 사업연도 개시일은 설립등기일이다. 다만, 법인으로 보는 단체(법령에 의해 설립)로서 당해 법령에 설립일이 정하여진 경우에는 그 설립일이다.
③ 청산 중에 있는 내국법인의 잔여재산의 가액이 사업연도 중에 확정된 경우에는 그 사업연도 개시일부터 해산등기일까지의 기간을 1사업연도로 본다.
④ 사업연도를 변경하려는 법인은 직전사업연도 종료일부터 3개월 이내에 납세지 관할 세무서장에게 신고하여야 한다.

07

「법인세법」상 청산소득에 대한 과세 특례에 대한 설명으로 옳지 않은 것은?

① 내국법인의 해산에 의한 청산소득의 금액을 계산할 때 그 청산기간에 「국세기본법」에 따라 환급되는 법인세액이 있는 경우 이에 상당하는 금액은 그 법인의 해산등기일 현재의 자기자본의 총액에 가산한다.
② 내국법인이 해산(합병이나 분할에 의한 해산 포함)한 경우 그 청산소득의 금액은 그 법인의 해산에 의한 잔여재산의 가액에서 해산등기일 현재의 자본금 또는 출자금과 잉여금의 합계액을 공제한 금액으로 한다.
③ 내국법인이 「상법」의 규정에 따라 조직변경하는 경우 및 특별법에 따라 설립된 법인이 그 특별법의 개정이나 폐지로 인하여 「상법」에 따른 회사로 조직변경하는 경우에는 청산소득에 대한 법인세를 과세하지 아니한다.
④ 해산에 의한 청산소득은 잔여재산가액 확정일이 속하는 달의 말일부터 3개월 이내에 과세표준 신고를 하여야 하고, 계속등기를 한 경우의 청산소득은 계속등기일이 속하는 달의 말일부터 3개월 이내에 신고하여야 한다.

08

「법인세법」상 영리내국법인 ㈜혜미가 제24기(2024. 1. 1. ~ 12. 31.) 사업연도에 수령한 수입배당금(「법인세법」에 따라 익금불산입이 배제되는 수입배당금은 아님) 중 익금불산입액은? (단, ㈜혜미는 지주회사가 아니고, 제24기 사업연도에 지출한 차입금의 이자는 없으며, 보유 중인 주식은 모두 배당기준일 현재 1년 이상 보유한 것이다.)

배당지급법인	지분비율	수입배당금액	비고
㈜A	40%	3,000,000원	비상장 내국법인
㈜B	10%	5,000,000원	상장 내국법인
㈜C	90%	4,000,000원	비상장 내국법인

① 6,400,000원
② 7,000,000원
③ 7,900,000원
④ 8,500,000원

09

다음 중 「법인세법」상 익금 및 손금에 대한 설명으로 옳지 않은 것은?

① 내국법인이 지급한 손해배상금 중 실제 발생한 손해를 초과하여 지급하는 금액으로서 대통령령으로 정하는 금액은 내국법인의 각 사업연도의 소득금액을 계산할 때 손금에 산입하지 아니한다.
② 징벌적 목적의 손해배상금에 대한 손금불산입 규정 적용 시 실제 발생한 손해액이 분명하지 아니한 경우에는 내국법인이 지급한 손해배상금에 2분의 1을 곱한 금액을 손금불산입 대상 손해배상금으로 한다.
③ 각 사업연도의 소득으로 이미 과세된 소득(「법인세법」 및 다른 법률에 따라 비과세되거나 면제되는 소득을 포함)은 익금불산입 항목이다.
④ 액면금액 이상으로 주식을 발행한 경우 그 액면금액을 초과한 금액(무액면주식의 경우에는 발행가액 중 자본금으로 계상한 금액을 초과하는 금액)은 익금불산입 항목이다. 다만, 채무의 출자전환으로 주식등을 발행하는 경우에는 그 주식등의 시가를 초과하여 발행된 금액은 익금이다.

10

「소득세법」상 과세기간 및 납세지에 관한 설명으로 옳은 것은?

① 원천징수하는 자가 법인인 경우 원천징수하는 소득세의 납세지는 소득을 지급하는 각 지점으로 한다.
② 비거주자의 국내사업장이 둘 이상 있는 경우 소득세의 납세지는 각각의 사업장 소재지로 한다.
③ 사업소득이 있는 거주자가 소득세 과세기간 중에 폐업하는 경우에는 소득세 과세기간은 1월 1일부터 폐업일까지의 기간이다.
④ 거주자 또는 비거주자가 사망하여 그 상속인이 피상속인에 대한 소득세의 납세의무자가 된 경우 그 소득세의 납세지는 그 피상속인·상속인 또는 납세관리인의 주소지나 거소지 중 상속인 또는 납세관리인이 관할 세무서장에게 납세지로서 신고하는 장소로 한다.

11

「소득세법」상 납세의무의 범위에 대한 설명으로 옳지 않은 것은?

① 원천징수되는 소득으로서 종합소득 과세표준을 계산할 때 합산되지 아니하는 소득이 있는 자는 그 원천징수되는 소득세에 대해서 납세의무를 진다.
② 피상속인의 소득금액에 대한 소득세로서 상속인에게 과세할 것과 상속인의 소득금액에 대한 소득세는 구분하여 계산하여야 하며, 피상속인의 소득금액에 대해서 과세하는 경우에는 그 상속인이 납세의무를 진다.
③ 공동으로 소유한 자산에 대한 양도소득금액을 계산하는 경우에는 해당 자산을 공동으로 소유하는 각 거주자가 연대하여 납부할 의무를 진다.
④ 신탁재산에 귀속되는 소득은 그 신탁의 이익을 받을 수익자(수익자가 사망하는 경우에는 그 상속인)에게 귀속되는 것으로 본다. 단, 위탁자가 신탁재산을 실질적으로 통제하는 등 대통령령으로 정하는 요건을 충족하는 신탁의 경우에는 그 신탁재산에 귀속되는 소득은 위탁자에게 귀속되는 것으로 본다.

12

「소득세법」상 특수관계인인 甲과 乙간의 거래내용이다. 甲의 소득금액계산에 있어 부당행위계산의 부인 대상으로 옳지 않은 것은?

① 甲은 乙에게 시가 10억 원의 토지를 9억 6천만 원에 양도하였다.
② 甲은 乙로부터 무수익자산을 3억 원에 매입하여 그 유지비용을 매년 1억 원씩 부담하고 있다.
③ 甲은 乙로부터 정상적 요율이 4억 원인 용역을 제공받고 5억 원을 지불하였다.
④ 甲은 乙로부터 시가 6억 원의 토지를 9억 원에 매입하였다.

13

다음 중 「부가가치세법」상 신탁재산에 대한 납세의무자에 대한 설명으로 올바르지 않은 것은?

① 신탁재산과 관련된 재화 또는 용역을 공급하는 때에는 「신탁법」 제2조에 따른 수탁자가 신탁재산별로 각각 별도의 납세의무자로서 부가가치세를 납부할 의무가 있다.
② 「신탁법」 제10조에 따라 위탁자의 지위가 이전되는 경우에는 기존 위탁자가 새로운 위탁자에게 신탁재산을 공급한 것으로 보고 이 경우에는 새로운 위탁자가 해당 공급에 대한 부가가치세의 납세의무자가 된다.
③ 수탁자가 변경되어 새로운 수탁자에게 신탁재산의 소유권을 이전하는 경우 재화의 공급으로 보지 않는다.
④ 수탁자가 납세의무자가 되는 신탁재산에 둘 이상의 공동수탁자가 있는 경우 공동수탁자는 부가가치세를 연대하여 납부할 의무가 있다. 이 경우 공동수탁자 중 신탁사무를 주로 처리하는 대표수탁자가 부가가치세를 신고·납부하여야 한다.

14

「부가가치세법」상 과세되는 재화의 공급에 해당하지 않는 것은?

① 사업자가 자기의 사업과 관련하여 생산한 재화를 실비변상적이거나 복리후생적인 목적이 아닌 사용인의 개인적인 목적으로 무상 사용·소비하는 경우로서 경조사와 관련된 재화를 15만 원어치 제공하는 경우 10만 원을 초과하는 금액(단, 매입 시 매입세액이 공제되지 아니한 재화는 제외)
② 사업장이 둘 이상인 사업자가 자기의 사업과 관련하여 생산 또는 취득한 재화를 판매할 목적으로 자기의 다른 사업장에 반출하는 것으로서 세금계산서를 발급하지 아니한 것(다만, 사업자단위과세 및 주사업장총괄납부 적용 대상 아님)
③ 운수업, 자동차 판매업 등 대통령령으로 정하는 업종의 사업을 경영하는 사업자가 자기생산·취득재화 중 「개별소비세법」에 따른 자동차와 그 자동차의 유지를 위한 재화를 해당 업종에 직접 영업으로 사용하지 아니하고 다른 용도로 사용하는 것(단, 매입 시 매입세액이 공제되지 아니한 재화는 제외)
④ 사업자가 자기의 사업과 관련하여 생산하거나 취득한 재화를 사업을 위하여 대가를 받지 아니하고 다른 사업자에게 인도 또는 양도하는 견본품(단, 매입 시 매입세액이 공제되지 아니한 재화는 제외)

15

다음 자료를 이용하여 컴퓨터 부품 제조업을 영위하는 일반과세자인 ㈜예진이 2024년 제1기 예정신고를 할 때 부가가치세 과세표준을 계산한 것으로 옳은 것은? (단, ㈜예진은 주사업장 총괄납부 및 사업자 단위 과세제도를 적용받는 사업자가 아니고 제시된 자료의 금액에는 부가가치세가 포함되지 아니하였다.)

(1) 2024년 1월 4일 : ㈜B에게 제품을 인도하고 판매대금 2,000,000원은 ㈜K의 상품권(2023년 12월 25일에 판매한 것임)으로 받았다.
(2) 2024년 1월 25일 : 업무에 사용하던 트럭(매입시 매입세액 공제)를 임원에게 10,000,000원에 이전하였다(2023년 2월 15일 취득시 취득가액 20,000,000원, 이전 당시 장부가액 8,000,000원, 이전 당시 시가 10,000,000원).
(3) 2024년 2월 5일 : 미국의 거래처인 ㈜C와 2024년 1월 20일에 제품 수출 계약을 체결하였고, 2024년 2월 5일에 선적하였다. 수출대금 50,000달러 중 계약금으로 수령한 30,000달러를 2024년 1월 25일에 환가하였고, 잔금 20,000달러는 2024년 4월 10일에 회수하였다.

일자	구분	기준환율
1월 20일	수출계약 체결일	900원/달러
1월 25일	환가일	950원/달러
2월 5일	선적일	1,000원/달러
3월 31일	예정신고기간 종료일	1,100원/달러
4월 10일	잔금회수일	1,050원/달러

(4) 2024년 2월 15일 : ㈜D에게 제품을 15,000,000원에 판매하고 인도 하였으며, 대금은 2024년 5월 15일에 받기로 하였다.
(5) 2024년 3월 3일 : 제품을 판매할 목적으로 직매장으로 반출하였다(취득가액은 5,000,000원, 취득가액에 일정액을 가산하는 내부 규정에 의한 반출가액은 6,000,000원, 반출 시 시가는 7,000,000원).
(6) 2024년 3월 20일 : 거래처에 무상으로 견본품을 제공하였다(원가 2,000,000원, 시가 2,500,000원).

① 71,500,000원
② 73,500,000원
③ 74,500,000원
④ 81,500,000원

16

「부가가치세법」상 간이과세를 적용받을 수 있는 사업은? (단, 업종 외의 조건은 고려하지 않음)

① 직전 연도의 공급대가가 5,000만 원인 부동산임대업
② 직전 연도의 공급대가가 4,000만 원인 도매업
③ 직전 연도의 공급대가가 7,800만 원인 재생용 재료수집 및 판매업
④ 직전 연도의 공급대가가 7,000만 원인 부동산매매업

17

「국세징수법」상 납세담보에 대한 설명으로 옳지 않은 것은?

① 등록된 유가증권을 납세담보로 제공하려는 자는 그 유가증권을 공탁하고 그 공탁수령증을 관할 세무서장(세법에 따라 국세에 관한 사무를 세관장이 관장하는 경우에는 세관장을 말함)에게 제출하여야 한다.
② 보험에 든 등기된 건물을 납세담보로 제공하려는 자는 그 화재보험증권을 제출하여야 한다. 이 경우 그 보험기간은 납세담보를 필요로 하는 기간에 30일 이상을 더한 것이어야 한다.
③ 금전을 납세담보로 제공할 때에는 담보할 국세의 100분의 110 이상의 가액에 상당하는 현금을 제공하여야 한다.
④ 납세담보로서 금전을 제공한 자는 그 금전으로 담보한 국세·강제징수비를 납부할 수 있다.

18

「국세징수법」상 사해행위의 취소에 관한 설명으로 옳지 않은 것은?

① 납세보증인으로부터 국세의 전액을 징수할 수 있는 경우에는 사해행위 취소권을 행사할 수 있다.
② 사해행위의 취소를 요구할 수 있는 경우는 국세의 징수를 면탈하려고 재산권을 목적으로 한 법률행위를 한 재산 이외에 다른 자력이 없어 국세를 완납할 수 없는 경우로 한다.
③ 징수하고자 하는 국세의 액이 사해행위의 목적이 된 재산의 처분예정가액보다 적은 때에는 사해행위의 목적이 된 재산이 분할가능하면 국세에 상당하는 사해행위의 일부의 취소와 재산의 일부의 반환을 청구하는 것으로 한다.
④ 사해행위의 취소에 의해 반환받은 재산에 대하여 강제징수를 하고 국세에 충당한 후 잔여분이 있는 경우에는 그 재산을 반환한 수익자 또는 전득자에게 반환한다.

19

다음 중 「상속세및증여세법」상 상속세의 과세표준 및 세액에 대한 설명으로 올바르지 않은 것은?

① 상속세 과세표준이 50만 원 이하이면 상속세를 부과하지 아니한다.
② 상속세의 과세표준은 상속세 과세가액에서 상속공제액과 감정평가수수료를 뺀 금액으로 한다.
③ 상속세 과세표준이 5억 원 초과 10억 원 이하인 경우 상속세 산출세액은 5억 원을 초과하는 금액의 100분의 30에 9천만 원을 더한 금액이다.
④ 거주자의 사망으로 상속세를 부과하는 경우에 외국에 있는 상속재산에 대하여 외국의 법령에 따라 상속세를 부과받은 경우에는 대통령령으로 정하는 바에 따라 그 부과받은 상속세에 상당하는 금액을 상속세 산출세액에서 공제한다.

20

다음 중 「국세기본법」상 공시송달 사유에 해당하는 것의 개수를 고르시오.

> ㉠ 주소 또는 영업소가 국외에 있고 송달하기 곤란한 경우
> ㉡ 세무공무원이 5월 3일(금요일)에 처음 납세자를 방문하고 5월 6일에 방문하여 2회 이상 납세자를 방문하였으나 수취인이 부재중인 것으로 확인되어 납부기한까지 송달이 곤란하다고 인정되는 경우
> ㉢ 서류를 등기우편으로 송달하였으나 수취인이 부재중(不在中)인 것으로 확인되어 반송됨으로써 납부기한 내에 송달이 곤란하다고 인정되는 경우
> ㉣ 주소 또는 영업소가 분명하지 아니한 경우
> ㉤ 송달받아야 할 사람이 교정시설 또는 국가경찰관서의 유치장에 체포·구속 또는 유치(留置)된 경우

① 1개 ② 2개
③ 3개 ④ 4개

memo

2024
남정선 X 이종하
전공강화 동형 모의고사
megagong.net

정답 및 해설

회계학 전공강화 동형 모의고사 1회

01
정답 ③

해설
① 기업이 재무상태표에 유동자산과 비유동자산, 그리고 유동부채와 비유동부채로 구분하여 표시하는 경우, 이연법인세자산(부채)은 유동자산(부채)으로 분류하지 아니한다.
② 유동성 순서에 따른 표시방법이 신뢰성 있고 더욱 목적적합한 정보를 제공하는 경우를 제외하고는 문단 66~76에 따라 유동자산과 비유동자산, 유동부채와 비유동부채로 재무상태표에 구분하여 표시한다. 유동성 순서에 따른 표시방법을 적용할 경우 모든 자산과 부채는 유동성의 순서에 따라 표시한다.
③ 영업주기는 영업활동을 위한 자산의 취득시점부터 그 자산이 현금이나 현금성자산으로 실현되는 시점까지 소요되는 기간이다. 정상영업주기를 명확히 식별할 수 없는 경우에는 그 기간이 12개월인 것으로 가정한다. 유동자산은 보고기간 후 12개월 이내에 실현될 것으로 예상되지 않는 경우에도 재고자산과 매출채권과 같이 정상영업주기의 일부로서 판매, 소비 또는 실현되는 자산을 포함한다. 또한 유동자산은 주로 단기매매목적으로 보유하고 있는 자산(예: 기업회계기준서 제1109호에 따라 단기매매항목으로 분류되는 일부 금융자산 포함)과 비유동금융자산의 유동성 대체부분을 포함한다.
④ 기업이 보고기간말 현재 기존의 대출계약조건에 따라 보고기간 후 적어도 12개월 이상 부채를 연장할 권리가 있다면, 보고기간 후 12개월 이내에 만기가 도래한다 하더라도 비유동부채로 분류한다. 만약 기업에 그러한 권리가 없다면, 차환가능성을 고려하지 않고 유동부채로 분류한다.

02
정답 ②

해설 현금 및 현금성자산항목은 다음과 같다.

- 지점전도금   ₩500
- 우편환   ₩3,000
- 당좌예금   ₩400
- 만기가 도래한 국채 이자표   ₩500
- 외국환통화   (?)
- 배당금지급통지표   ₩7,500
- 양도성예금증서(취득: 20×1년 12월 1일, 만기: 20×2년 1월 31일)   ₩500

환율이 1,100인데 외국환통화가 6,600 이 되어야 하므로 $6가 된다.

03
정답 ②

해설
전부원가계산에 의한 순이익
= 100,000(변동원가계산) − (19,000단위−15,000단위) × @2
= 92,000

04
정답 ③

해설
(차) 현금   71,000   (대) FVPL금융자산   60,000
                                    금융자산처분이익 11,000
(차) 금융자산처분이익 2,000   (대) 현금   2,000

05
정답 ③

해설
총자산회전율은 0.5회이다.
자기자본이익률 = 매출액순이익률 × 총자산회전율 × 레버리지비율
20% = 10% × 0.5 × 4

06
정답 ④

해설
- **직접재료비**: 3,000(기초) + 6,000(구입액) − 1,000(기말)
  = 8,000
- **제조간접비**: 5,000(감가상각비 − 설비) + 1,000(감독자급여) + 2,000(기타제조간접비) = 8,000
- **당기총제조원가**: 8,000(직접재료비) + 3,000(직접노무비) + 8,000(제조간접비) = 19,000
- **당기제품제조원가**: 10,000(기초) + 19,000(당기총제조원가) − 11,000(기말) = 18,000

07

정답 ①

해설
상업적 실질이 존재하는 경우 처분손익은 구자산 공정가액과 장부가액과의 차이가 된다.
- (주)종현의 처분손익 : 180,000 - 230,000 = (-)50,000
- (주)지은의 처분손익 : 250,000 - 350,000 = (-)100,000

08

정답 ④

해설
100,000 = 120,000 - (120,000 - 20,000) × 4/10 × 6/12

09

정답 ①

해설
- 매출액 : 300개 × @₩1,200 = ₩360,000
- 매출원가 : 300개 × @₩900 + 18,000 = ₩288,000
- 매출총이익 : ₩72,000
- 기말재고 (₩192,000) = 200개 × @₩900 + ₩30,000 × 40%

10

정답 ①

해설
- 당기완성량 : 15,000(기말제품) + 20,000(판매량) - 25,000(기초제품) = 10,000
- 물량흐름

| 기초재공품 | 1,000 (완성도:70%) | 완성품 | 10,000 |
| 당기투입량 | 14,000 | 기말재공품 | 5,000 (완성도:70%) |

- 완성품환산량

		가공비
완성품	10,000	10,000
기말재공품	5,000(30%)	1,500
완성품환산량		11,500

11

정답 ④

해설
- **수선부문 배분**
  ① A공정 : 20,000 × 4,000시간 / 10,000시간 = 8,000
  ② B공정 : 20,000 × 2,000시간 / 10,000시간 = 4,000
  ③ 전력부 : 20,000 × 4,000시간 / 10,000시간 = 8,000

- **전력부문 배분**(12,000+8,000=20,000)
  ① A공정 :
  20,000 × 4,000kWh / (4,000kWh + 4,000kWh) = 10,000
  ② B공정 :
  20,000 × 4,000kWh / (4,000kWh + 4,000kWh) = 10,000

- **A공정 배부액** : 8,000 + 10,000 = 18,000

- **B공정 배부액** : 4,000 + 10,000 = 14,000

12

정답 ②

해설
- 당기제조간접비 배부액 : 16,000(직접노무) × 0.5 = 8,000
- 기말재공품 : 1,200(직접재료) + 1,500 × 2(직접노무) + 1,500(제조간접) = 5,700
- 당기제품제조원가 : 5,600(기초재공품) + 48,000(총제조원가) - 5,700(기말재공품) = 47,900
- 배부전 매출원가 : 4,700(기초제품) + 47,900(제품제조원가) - 8,000(기말제품) = 44,600
- 배부차이 조정액 : 46,600 - 44,600 = 2,000
- 실제제조간접원가 : 8,000 + 2,000 = 10,000

13

정답 ①

해설
① 우선주배당 (800,000 + 400,000 = 1,200,000)
  - 누적분배당: 1,000주 × @5,000 × 8% × 2 = 800,000
  - 당기배당: 1,000주 × @5,000 × 8% = 400,000
② 보통주 배당 : 2,500,000 - 1,200,000 = 1,300,000

14

정답 ③

해설

(X)	(매출원가)
(2,000)	매입채무 증감
(3,000)	재고자산 증감
(31,000)	**(공급자에 대한 현금유출액)**

X = 26,000

참고로 매출총이익은 다음과 같다.

X – 500	매출총이익 – 대손상각비(손상차손)=영업이익
2,500	매출채권(순액) 증감
(2,000)	매입채무 증감
(3,000)	재고자산 증감
54,000 – 31,000	매출유입액-매입유출액

X = 26,000

15

정답 ③

해설

- 기말자본-기초자본 = 총포괄손익 + 소유주투자 – 소유주분배
- 6,000(자본의 변동) = 3,000 + ? + 2,000 – 1,000
- ? = 2,000

16

정답 ④

해설

■ **제9조(재무제표의 작성원칙)**
① 지방자치단체의 재무제표는 일반회계·기타특별회계·기금회계 및 지방공기업특별회계의 유형별 재무제표를 통합하여 작성한다. 이 경우 내부거래는 상계하고 작성한다.
② 유형별 회계실체의 재무제표를 작성할 때에는 해당 유형에 속한 개별 회계실체의 재무제표를 합산하여 작성한다. 이 경우 유형별 회계실체 안에서의 내부거래는 상계하고 작성한다.
③ 개별 회계실체의 재무제표를 작성할 때에는 지방자치단체 안의 다른 개별 회계실체와의 내부거래를 상계하지 아니한다. 이 경우 내부거래는 해당 지방자치단체에 속하지 아니한 다른 회계실체 등과의 거래와 동일한 방식으로 회계처리한다.
④ 재무제표는 당해 회계연도분과 직전 회계연도분을 비교하는 형식으로 작성되어야 한다. 이 경우 비교식으로 작성되는 양 회계연도의 재무제표는 계속성의 원칙에 따라 작성되어야 하며 회계정책과 회계추정의 변경이 발생한 경우에는 그 내용을 주석(註釋)으로 공시하여야 한다.
⑤ 「지방회계법」 제7조 제1항에 따른 출납 폐쇄기한 내의 세입금 수납과 세출금 지출은 해당 회계연도의 거래로 처리한다.

■ **제25조(순자산의 분류)**
① 순자산은 지방자치단체의 기능과 용도를 기준으로 고정순자산, 특정순자산 및 일반순자산으로 분류한다.
② 고정순자산은 일반유형자산, 주민편의시설, 사회기반시설 및 무형자산의 투자액에서 그 시설의 투자재원을 마련할 목적으로 조달한 장기차입금 및 지방채증권 등을 뺀 금액으로 한다.
③ 특정순자산은 채무상환 목적이나 적립성기금의 원금과 같이 그 사용목적이 특정되어 있는 재원과 관련된 순자산을 말한다.
④ 일반순자산은 고정순자산과 특정순자산을 제외한 나머지 금액을 말한다.

■ **제35조(현금흐름표)**
① 현금흐름표는 회계연도 동안의 현금자원의 변동에 관한 정보로서 자금의 원천과 사용결과를 표시하는 재무제표로서 경상활동, 투자활동 및 재무활동으로 구성된다.
② 현금흐름표는 별지 제3호서식과 같다.

■ **제36조(현금흐름의 구분)**
① 경상활동은 지방자치단체의 행정서비스와 관련된 활동으로서 투자활동과 재무활동에 속하지 아니하는 거래를 말한다.
② 투자활동은 자금의 융자와 회수, 장기투자증권·일반유형자산·주민편의시설·사회기반시설 및 무형자산의 취득과 처분 등을 말한다.
③ 재무활동은 자금의 차입과 상환, 지방채의 발행과 상환 등을 말한다.

■ **제37조(현금흐름표의 작성기준)**
① 현금흐름표는 회계연도 중의 순현금흐름에 회계연도 초의 현금을 더하여 회계연도 말 현재의 현금을 산출하는 형식으로 표시한다.
② 현금의 유입과 유출은 회계연도 중의 증가나 감소를 상계하지 아니하고 각각 총액으로 적는다. 다만, 거래가 잦아 총 금액이 크고 단기간에 만기가 도래하는 경우에는 순증감액으로 적을 수 있다.
③ 현물출자로 인한 유형자산 등의 취득, 유형자산의 교환 등 현금의 유입과 유출이 없는 거래 중 중요한 거래에 대하여는 주석(註釋)으로 공시한다.

17

정답 ①

해설

- 순매출액 = 1,000,000 – 50,000 = 950,000
- 순매입액 = 368,000 + 15,000 = 383,000
- 매출원가 = 50,000 + 383,000 – 80,000 = 353,000
- 매출총이익 = 950,000 – 353,000 = 597,000

18

정답 ④

해설

감모손실은 수량부족액에 취득원가를 곱해서 구한다.
(100개(장부수량) − 실지재고 수량) × ₩2,000(취득원가) = ₩40,000
수량 부족액이 20개이므로 실지재고 수량은 80개가 된다.

19

정답 ①

해설

■ **제4조(일반원칙)**

국가의 회계처리는 복식부기·발생주의 방식으로 하며, 다음 각 호의 원칙에 따라 이루어져야 한다.

1. 회계처리는 신뢰할 수 있도록 객관적인 자료와 증거에 따라 공정하게 이루어져야 한다.
2. 재무제표의 양식, 과목 및 회계용어는 이해하기 쉽도록 간단명료하게 표시하여야 한다.
3. 중요한 회계방침, 회계처리기준, 과목 및 금액에 관하여는 그 내용을 재무제표에 충분히 표시하여야 한다.
4. 회계처리에 관한 기준 및 추정(推定)은 기간별 비교가 가능하도록 기간마다 계속하여 적용하고 정당한 사유 없이 변경해서는 아니 된다.
5. 회계처리와 재무제표 작성을 위한 계정과목과 금액은 그 중요성에 따라 실용적인 방법으로 결정하여야 한다.
6. 회계처리는 거래 사실과 경제적 실질을 반영할 수 있어야 한다.

■ **제6조(재무제표의 작성원칙)**

① 재무제표는 다음 각 호의 원칙에 따라 작성한다.

1. 재무제표는 해당 회계연도분과 직전 회계연도분을 비교하는 형식으로 작성한다.
2. 제1호에 따라 비교하는 형식으로 작성되는 두 회계연도의 재무제표는 계속성의 원칙에 따라 작성하며, 「국가회계법」에 따른 적용범위, 회계정책 또는 이 규칙 등이 변경된 경우에는 그 내용을 주석으로 공시한다.
3. 재무제표의 과목은 해당 항목의 중요성에 따라 별도의 과목으로 표시하거나 다른 과목으로 통합하여 표시할 수 있다.
4. <u>재무제표를 통합하여 작성할 경우 내부거래는 상계하여 작성한다.</u>

② 「국고금관리법 시행령」제2장에 따른 출납정리기한 중에 발생하는 거래에 대한 회계처리는 해당 회계연도에 발생한 거래로 보아 다음 각 호와 같이 처리한다.

1. <u>「국고금관리법 시행령」</u> 제5조 제2항각 호의 어느 하나에 해당하는 납입은 해당 회계연도 말일에 수입된 것으로 본다.
2. <u>「국고금관리법 시행령」</u> 제6조 제1항각 호의 어느 하나에 해당하는 지출은 해당 회계연도 말일에 지출된 것으로 본다.
3. 「국고금관리법 시행령」 제7조단서에 따라 관서운영경비출납공무원이 교부받은 관서운영경비를 해당 회계연도 말일 후에 반납하는 경우에는 해당 회계연도 말일에 반납된 것으로 본다.

20

정답 ④

해설

(1) **기말재고(매가)**
   : 1,000 + 6,400 + 400(순인상) − 200 (순인하) − 5,000
   = 2,600
(2) **원가율** : 3,400 / (6,400 + 400) = 50%
(3) **기말재고(원가)** : 2,600 × 50% = 1,300

세법 전공강화 동형 모의고사 1회

01
정답 ③

해설
예술창작품, 예술행사, 문화행사 또는 아마추어 운동경기로서 대통령령으로 정하는 것은 부가가치세 면세 대상이다.

02
정답 ①

해설
② 연대납세의무자에게 서류를 송달할 때에는 그 대표자를 명의인으로 하며, 대표자가 없을 때에는 연대납세의무자 중 국세를 징수하기에 유리한 자를 명의인으로 한다. 다만, 납부의 고지와 독촉에 관한 서류는 연대납세의무자 모두에게 각각 송달하여야 한다.
③ 납세자가 2회 연속하여 전자송달(국세정보통신망에 송달된 경우에 한함)된 서류를 열람하지 아니하는 경우에는 대통령령으로 정하는 바에 따라 전자송달의 신청을 철회한 것으로 본다. 다만, 납세자가 전자송달된 납부고지서에 의한 세액을 그 납부기한까지 전액 납부한 경우에는 그러하지 아니하다.
④ 서류를 송달할 장소에서 서류를 송달받아야 할 자를 만나지 못하였을 때에는 그 사용인이나 그 밖의 종업원 또는 동거인으로서 사리를 판별할 수 있는 사람에게 서류를 송달할 수 있으며, 서류를 송달받아야 할 자 또는 그 사용인이나 그 밖의 종업원 또는 동거인으로서 사리를 판별할 수 있는 사람이 정당한 사유 없이 서류 수령을 거부할 때에는 송달할 장소에 서류를 둘 수 있다.

03
정답 ②

해설
국세를 납부할 의무(세법에 징수의무자가 따로 규정되어 있는 국세의 경우에는 이를 징수하여 납부할 의무)가 성립한 소득, 수익, 재산, 행위 또는 거래에 대해서는 그 성립 후의 새로운 세법에 따라 소급하여 과세하지 아니한다.

04
정답 ①

해설
상속인(특별연고자 중 영리법인은 제외) 또는 수유자(영리법인은 제외)는 상속재산(상속재산에 가산하는 증여재산 중 상속인이나 수유자가 받은 증여재산을 포함) 중 각자가 받았거나 받을 재산을 기준으로 대통령령으로 정하는 비율에 따라 계산한 금액을 상속세로 납부할 의무가 있다.

05
정답 ④

해설
원천징수 등 납부지연가산세 중 납부하지 아니한 세액 또는 과소납부분 세액의 100분의 3에 상당하는 금액의 납세의무 성립시기는 법정납부기한이 경과하는 때이다. 납세의무 성립시기는 다음과 같다.

구분			납세의무의 성립시기
과세기간이 정해진 국세	① 소득세 ② 법인세 ③ 부가가치세	원칙	과세기간이 끝나는 때
		예외	㉠ 청산소득에 대한 법인세 : 해당 법인이 해산하는 때 ㉡ 수입재화에 대한 부가가치세 : 세관장에게 수입신고하는 때
과세기간이 정해진 국세 ① 소득세 ② 법인세 ③ 부가가치세		원칙	과세기간이 끝나는 때
		예외	㉠ 청산소득에 대한 법인세 : 해당 법인이 해산하는 때 ㉡ 수입재화에 대한 부가가치세 : 세관장에게 수입신고하는 때
특정 행위 등에 대해 과세하는 국세	④ 상속세		상속이 개시되는 때
	⑤ 증여세		증여에 의해 재산을 취득하는 때
	⑥ 개별소비세, 주세 및 교통·에너지·환경세	원칙	과세물품을 제조장으로부터 반출하거나 판매장에서 판매하는 때, 과세장소에 입장하거나 과세유흥장소에서 유흥음식행위를 한 때, 또는 과세영업장소에서 영업행위를 한 때
		예외	수입 물품의 경우 : 세관장에게 수입신고를 하는 때
	⑦ 인지세		과세 문서를 작성하는 때
	⑧ 증권거래세		해당 매매거래가 확정되는 때
⑨ 종합부동산세			과세기준일(매년 6월 1일)
기 타	⑩ 교육세 ⑪ 농어촌특별세	원칙	해당 국세의 납세의무가 성립하는 때
		예외	금융·보험업자의 수익금액에 부과되는 교육세 : 과세기간이 끝나는 때

⑫ 가산세	㉠ 무신고가산세 및 과소신고·초과환급신고가산세	법정신고기한이 경과하는 때
	㉡ 납부지연가산세 및 원천징수등 납부지연가산세 중 매일 10만분의 22 적용분	법정납부기한 경과 후 1일마다 그 날이 경과하는 때
	㉢ 납부고지서에 따른 납부기한까지 납부하지 아니한 세액 또는 과소납부분 세액의 100분의 3에 해당하는 납부지연가산세	납부고지서에 따른 납부기한이 경과하는 때
	㉣ 원천징수등 납부지연가산세 중 납부하지 아니한 세액 또는 과소납부분 세액의 100분의 3에 상당하는 원천징수등납부지연가산세	법정납부기한이 경과하는 때
	㉤ 개별세법상 가산세	가산할 국세의 납세의무가 성립하는 때

예외적인 경우	예외적인 성립시기
① 원천징수하는 소득세·법인세	소득금액 또는 수입금액을 지급하는 때
② 납세조합이 징수하는 소득세 또는 예정신고납부하는 소득세	과세표준이 되는 금액이 발생한 달의 말일
③ 중간예납하는 소득세·법인세	중간예납기간이 끝나는 때
④ 예정신고기간·예정부과기간에 대한 부가가치세	예정신고기간·예정부과기간이 끝나는 때
⑤ 수시부과하여 징수하는 국세	수시부과할 사유가 발생한 때

06

정답 ①

해설

사립학교 및 산학협력단에 시설비, 교육비, 연구비, 장학금으로 지출하는 기부금과 천재지변으로 생기는 이재민 구호금품은 기준소득금액에서 이월결손금을 공제한 금액의 50퍼센트를 공제하는 특례기부금이다.

07

정답 ④

해설

업무용승용차를 처분하여 발생하는 손실로서 업무용승용차별로 800만 원(부동산임대업을 주업으로 하는 등 법정 요건 충족하는 경우에는 400만 원)을 초과하는 금액은 해당 사업연도에 손금에 산입하지 않고 기타사외유출로 소득처분한다.

08

정답 ①

해설

근로자가 사내급식이나 이와 유사한 방법으로 제공받는 식사 기타 음식물 또는 근로자(식사 기타 음식물을 제공받지 아니하는 자에 한정한다)가 받는 월 20만 원 이하의 식사대는 비과세 소득이다. 식사를 제공받는 경우에 식대는 비과세를 적용하지 않으므로 ①번은 비과세 소득에 해당되지 않는다.

09

정답 ①

해설

② 거주자의 공제대상 가족이 동시에 다른 거주자의 공제대상 가족에 해당되는 경우에는 해당 과세기간의 과세표준확정신고서, 근로소득자 소득공제·세액 공제신고서, 연금소득자 소득·세액 공제신고서 등 공제신고서에 기재된 바에 따라 그중 1인의 공제대상 가족으로 한다. 단, 공제대상 가족을 알 수 없는 경우에는 다음 기준에 따라 공제 대상자를 적용한다.

> ㉠ 거주자의 공제대상 배우자가 다른 거주자의 공제대상 부양가족에 해당하는 때에는 공제대상배우자로 한다.
> ㉡ 거주자의 공제대상 부양가족이 다른 거주자의 공제대상 부양가족에 해당하는 때에는 직전 과세기간에 부양가족으로 인적공제를 받은 거주자의 공제대상 부양가족으로 한다. 다만, 직전 과세기간에 부양가족으로 인적공제를 받은 사실이 없는 때에는 해당 과세기간의 종합소득금액이 가장 많은 거주자의 공제대상 부양가족으로 한다.
> ㉢ 거주자의 추가공제 대상자가 다른 거주자의 추가공제 대상자에 해당하는 때에는 기본공제를 하는 거주자의 추가공제 대상자로 한다.

③ 인적공제는 자연인만을 대상으로 한다. 따라서 법인 아닌 단체는 1거주자 또는 1비거주자로 보아 종합소득세를 과세하는 경우 인적공제 대상이 될 수 없다.
④ 장애인에 해당되는 경우에는 나이 제한은 없으나, 소득금액의 제한은 있다.

10

정답 ①

해설

공동사업에 관한 소득금액을 계산할 때에는 공동사업장을 1거주자로 보아 소득금액을 계산하되, 소득세 납세의무는 공동사업자가 각각 지는 것이 원칙이다.

11

정답 ①

해설

거주자가 양도일부터 소급하여 10년 이내에 그 배우자(양도 당시 혼인관계가 소멸된 경우를 포함하되, 사망으로 혼인관계가 소멸된 경우는 제외) 또는 직계존비속으로부터 증여받은 토지, 건물 등의 양도차익을 계산할 때 취득가액은 그 배우자 또는 직계존비속의 취득 당시의 금액으로 한다. 이 경우 거주자가 증여받은 자산에 대하여 납부하였거나 납부할 증여세 상당액이 있는 경우에는 필요경비에 산입한다.

12

정답 ①

해설

상호 변경을 사유로 사업자등록사항의 변경 신고를 받은 세무서장은 신고일 당일에 변경 내용을 확인하고 사업자등록증의 기재사항을 정정하여 재발급해야 한다.

사업자등록 사항의 변경 사유	사업자등록증 재발급 기한
1. 상호를 변경하는 경우 2. 사이버몰[「전기통신사업법」 제5조에 따른 부가통신사업을 하는 사업자(="부가통신사업자")가 컴퓨터 등과 정보통신설비를 이용하여 재화 등을 거래할 수 있도록 설정한 가상의 영업장]에 인적사항 등의 정보를 등록하고 재화 또는 용역을 공급하는 사업을 하는 사업자(="통신판매업자")가 사이버몰의 명칭 또는 「인터넷주소자원에 관한 법률」에 따른 인터넷 도메인이름을 변경하는 경우	신고일 당일
3. 법인 또는 「국세기본법」에 따라 법인으로 보는 단체 외의 단체로서 기획재정부령으로 정하는 단체가 대표자를 변경하는 경우 4. 기획재정부령으로 정하는 사업의 종류에 변동이 있는 경우 5. 사업장(사업자 단위 과세 사업자의 경우에는 사업자 단위 과세 적용 사업장)을 이전하는 경우 6. 상속으로 사업자의 명의가 변경되는 경우 7. 공동사업자의 구성원 또는 출자지분이 변경되는 경우 8. 임대인, 임대차 목적물 및 그 면적, 보증금, 임차료 또는 임차기간이 변경되거나 새로 상가건물을 임차한 경우(「상가건물 임대차보호법」 제2조제1항에 따른 상가건물의 임차인이 사업자등록 정정신고를 하려는 경우, 임차인이 같은 법 제5조제2항에 따른 확정일자를 신청하려는 경우 및 확정일자를 받은 임차인에게 변경 등이 있는 경우로 한정한다) 9. 사업자 단위 과세 사업자가 사업자 단위 과세 적용 사업장을 변경하는 경우 10. 사업자 단위 과세 사업자가 종된 사업장을 신설하거나 이전하는 경우 11. 사업자 단위 과세 사업자가 종된 사업장의 사업을 휴업하거나 폐업하는 경우	신고일부터 2일 이내

13

정답 ③

해설

납세자가 관세포탈죄 등으로 고발되거나 통고처분을 받은 경우, 수입자가 과세표준 또는 세액을 신고하면서 관세조사 등을 통하여 이미 통지받은 오류를 다음 신고 시에도 반복하는 등 대통령령으로 정하는 중대한 잘못이 있는 경우 등 다음의 경우에는 수정수입세금계산서 발급을 할 수 없다.

> 세관장이 과세표준 또는 세액을 결정 또는 경정하는 경우 또는 관세조사 전에 수정신고하는 경우로서 다음에 해당하는 경우에는 수정수입세금계산서를 발급하지 못한다.
> ㉠ 「관세법」 제270조(제271조제2항에 따른 미수범의 경우를 포함한다), 제270조의2 또는 제276조를 위반하여 고발되거나 같은 법 제311조에 따라 통고처분을 받은 경우
> ㉡ 「관세법」 제42조제2항에 따른 부정한 행위 또는 「자유무역협정의 이행을 위한 관세법의 특례에 관한 법률」 제36조제1항제1호 단서에 따른 부당한 방법으로 관세의 과세표준 또는 세액을 과소신고한 경우
> ㉢ 수입자가 과세표준 또는 세액을 신고하면서 관세조사 등을 통하여 이미 통지받은 오류를 다음 신고 시에도 반복하는 등 대통령령으로 정하는 중대한 잘못이 있는 경우

참고 2023년 개정세법
종전에는 세관장이 과세표준이나 세액을 결정·경정하거나 수입자가 과세표준이나 세액이 결정·경정될 것을 미리 알고 수정신고를 하는 경우에는 수입자의 귀책사유가 없는 경우 등으로 한정하여 수정수입세금계산서를 발급하도록 하던 것을, 앞으로는 납세자가 관세포탈죄 등으로 고발되거나 통고처분을 받은 경우 등을 제외하고는 원칙적으로 수정수입세금계산서를 발급하도록 하여 납세자의 편의를 도모함

14

정답 ④

해설

해당 과세기간의 총공급가액 중 면세공급가액이 5퍼센트 미만인 경우의 공통매입세액은 안분하지 아니하고 전액 공제되는 매입세액으로 한다. 다만, 면세 비율의 5% 미만이라고 하더라도 공통매입세액이 5백만 원 이상인 경우는 안분하여야 한다.

> 〈공통매입세액 안분 생략 : 전부 공제되는 매입세액으로 한다〉
> 1. 해당 과세기간의 총공급가액 중 면세공급가액이 5퍼센트 미만인 경우의 공통매입세액. 다만, 공통매입세액이 5백만 원 이상인 경우는 제외한다.
> 2. 해당 과세기간 중의 공통매입세액이 5만 원 미만인 경우의 매입세액
> 3. 재화를 공급하는 날이 속하는 과세기간에 신규로 사업을 시작하여 직전 과세기간이 없는 경우 해당 재화에 대한 매입세액
>
> 〈공통사용재화의 과세표준 안분 생략 : 해당 재화의 공급가액 전부를 과세표준으로 한다〉
> 1. 재화를 공급하는 날이 속하는 과세기간의 직전 과세기간의 총공급가액 중 면세공급가액이 5퍼센트 미만인 경우. 다만, 해당 재화의 공급가액이 5천만 원 이상인 경우는 제외한다.
> 2. 재화의 공급가액이 50만 원 미만인 경우
> 3. 재화를 공급하는 날이 속하는 과세기간에 신규로 사업을 시작하여 직전 과세기간이 없는 경우

15

정답 ①

해설

관할 세무서장은 납세자가 경영하는 사업에 현저한 손실이 발생하거나 부도 또는 도산의 우려가 있는 경우로서 국세를 납부기한 또는 독촉장에서 정하는 기한(납부기한등)까지 납부할 수 없다고 인정되는 경우 납부기한등을 연장(세액을 분할하여 납부하도록 하는 것을 포함)할 수 있다.(독촉을 받은 경우에도 재난등으로 인한 납부기한 연장이 가능함)

참고 「국세징수법」 및 「국세기본법」의 기한 연장 사유 비교

구분	「국세기본법」상 천재 등으로 인한 기한연장	「국세징수법」상 재난 등으로 인한 납부기한 등의 연장
연장 가능한 기한의 종류	「국세기본법」 또는 세법에서 규정하는 신고, 신청, 청구, 그 밖에 서류의 제출 또는 통지 기한	납부기한 또는 독촉장에서 정하는 (납부)기한
기한연장 사유	① 납세자가 화재, 전화(戰禍), 그 밖의 재해를 입거나 도난을 당한 경우	㉠ 납세자가 재난 또는 도난으로 재산에 심한 손실을 입은 경우
	② 납세자 또는 그 동거가족이 질병이나 중상해로 6개월 이상의 치료가 필요하거나 사망하여 상중(喪中)인 경우	㉡ 납세자 또는 그 동거가족이 질병이나 중상해로 6개월 이상의 치료가 필요한 경우 또는 사망하여 상중(喪中)인 경우
	③ 정전, 프로그램의 오류나 그 밖의 부득이한 사유로 한국은행(그 대리점을 포함) 및 체신관서의 정보통신망의 정상적인 가동이 불가능한 경우	㉢ 정전, 프로그램의 오류, 그 밖의 부득이한 사유로 한국은행(그 대리점을 포함) 및 체신관서의 정보처리장치나 시스템을 정상적으로 가동시킬 수 없는 경우
	④ 금융회사 등 또는 체신관서의 휴무나 그 밖의 부득이한 사유로 정상적인 세금납부가 곤란하다고 국세청장이 인정하는 경우	㉣ 금융회사등·체신관서의 휴무, 그 밖에 부득이한 사유로 정상적인 국세 납부가 곤란하다고 국세청장이 인정하는 경우
	⑤ 권한 있는 기관에 장부나 서류가 압수 또는 영치된 경우	㉤ 권한 있는 기관에 장부나 서류 또는 그 밖의 물건이 압수 또는 영치된 경우 및 이에 준하는 경우
	⑥ 세무사(세무법인 포함) 또는 공인회계사(회계법인 포함)가 화재, 전화, 그 밖의 재해를 입거나 도난을 당한 경우	㉥ 납세자의 장부 작성을 대행하는 세무사(회계법인 포함)가 화재, 전화(戰禍), 그 밖의 재해를 입거나 해당 납세자의 장부(장부 작성에 필요한 자료를 포함)를 도난당한 경우
	-	㉦ 납세자가 경영하는 사업에 현저한 손실이 발생하거나 부도 또는 도산의 우려가 있는 경우

16

정답 ④

해설

부동산 등에 대한 압류의 효력은 그 압류의 등기 또는 등록이 완료된 때에 발생한다. 부동산 등에 대한 압류는 해당 압류재산의 소유권이 이전되기 전에 법정기일이 도래한 국세에 대한 체납액에 대하여도 그 효력이 미친다.

17

정답 ②

해설

① 사업양도일 이전에 양도인의 납세의무가 확정된 그 사업에 관한 국세·강제징수비를 양도인의 재산으로 충당하여도 부족할 때에는 대통령령으로 정하는 사업의 양수인은 그 부족한 금액에 대하여 양수한 재산의 가액을 한도로 제2차 납세의무를 진다.
② 유가증권시장 상장법인과 코스닥시장 상장법인의 주주는 출자자의 제2차 납세의무를 지지 않는다.
③ 법인의 제2차 납세의무는 법인의 자산총액에서 부채총액을 차감한 금액에 출자자의 소유주식 금액 또는 출자액을 곱한 후 이를 발행주식 총액 또는 출자총액으로 나눈 금액을 한도로 한다. 이는 무한책임사원 또는 과점주주에 대해 동일하게 적용된다.
④ 사업의 양도인에게 둘 이상의 사업장이 있는 경우에 하나의 사업장을 양수한 자는 양수한 사업장과 관계되는 국세 등에 대해서만 제2차 납세의무를 진다.

18

정답 ②

해설

㉣ 세무공무원은 세무조사를 마쳤을 때에는 그 조사 결과를 서면으로 납세자에게 통지하여야 한다. 다만, 납세관리인을 정하지 아니하고 국내에 주소 또는 거소를 두지 아니한 경우 등에는 그러하지 아니하다. 세무조사 결과통지 예외 사유에 폐업은 해당되지 않으므로 세무조사 대상자가 폐업한 경우에도 세무조사 결과통지는 하여야 한다.
㉤ 세무조사 연기신청을 받은 관할 세무관서의 장은 연기신청 승인 여부를 결정하고 그 결과(연기 결정 시 연기한 기간을 포함)를 조사 개시 전까지 통지하여야 한다.

참고 세무조사의 결과 통지의 예외
① 납세관리인을 정하지 아니하고 국내에 주소 또는 거소를 두지 아니한 경우
② 불복 및 과세전적부심사에 따른 재조사 결정에 의한 조사를 마친 경우
③ 세무조사 결과통지서 수령을 거부하거나 회피하는 경우

19
정답 ④

해설
법인과세 신탁재산의 법인세 납세지는 그 법인과세 수탁자의 납세지로 한다.

20
정답 ①

해설
㉠ 과세표준 : 300,000,000원 - 70,000,000원(15년 이내 이월결손금) - 10,000,000원(비과세소득)
= 220,000,000원
㉡ 산출세액 : 200,000,000원 × 9% + 20,000,000원 × 19%
= 21,800,000원

회계학 전공강화 동형 모의고사 2회

01
정답 ①
해설
300개 × 120 + 100 × 140 = 50,000

02
정답 ①
해설
② 일반목적재무보고의 목적은 현재 및 잠재적 투자자, 대여자 및 기타 채권자가 기업에 자원을 제공하는 것에 대한 의사결정을 할 때 유용한 보고기업 재무정보를 제공하는 것이다.

③ 중립성은 신중을 기함으로써 뒷받침된다. 신중성은 불확실한 상황에서 판단할 때 주의를 기울이는 것이다. 신중을 기한다는 것은 자산과 수익이 과대평가(overstated)되지 않고 부채와 비용이 과소평가(understated)되지 않는 것을 의미한다. 마찬가지로, 신중을 기한다는 것은 자산이나 수익의 과소평가나 부채나 비용의 과대평가를 허용하지 않는다. 그러한 그릇된 평가(misstatements)는 미래 기간의 수익이나 비용의 과대평가나 과소평가로 이어질 수 있다.

④ 부채의 의무는 정상적인 거래실무, 관행 또는 원활한 거래관계를 유지하거나 공평한 거래를 하려는 의도에서 발생할 수도 있다.

03
정답 ②
해설
기말재고원가 200 × 10 = 2,000
기말재고순실현가치 170 × 9 = 1,530
2,000 - 1,530 = 470

04
정답 ②
해설
- **유동비율** : 유동자산/유동부채
- **유동부채** :
  40,000(외상매입금) + 30,000(미지급급여) + 20,000(미지급이자) + 10,000(지급어음A) = 100,000
- **유동비율** : 150,000 / 100,000 = 1.5

05
정답 ④
해설
20×1년 10월 1일 취득, 20×3년 6월 30일 처분이므로 보유기간은 1년 9개월이 된다. 최초 1년간 감가상각비는 30,000이고 다음 1년은 24,000이므로 1년 9개월일 경우 감가상각누계액은 48,000이 되고 장부가액은 47,000이 된다. 따라서 처분이익은 2,000이 된다.

06
정답 ②
해설
전환권대가 = 발행가액 - 일반사채현재가치
       = 50,000 - (50,000 × 0.75 + 4,000 × 2.5) = 2,500

07
정답 ②
해설
연평균지출액 = 150,000 × 9/12 + 80,000 × 3/12 = 132,500
특정차입금에서 자본화할 금액 = 120,000 × 9/12 × 6% = 5,400
일반차입금에서 자본화할 금액 = 80,000 × 6/12 × 8% = 3,200
한도에 걸리는 문제임

08
정답 ③
해설
- **외상매출금잔액**
  : 1,100,000(기초) + 3,000,000(당기분) - 100,000(환입) - 2,500,000(회수) - 100,000(대손) = 1,400,000
- **대손충당금 기말추산액** : 1,400,000 × 6% = 84,000
- **대손상각비** : 84,000(기말) + 100,000(발생액) - 80,000(기초) - 50,000(추심액) = 54,000

09

정답 ④

해설

④ 적시성과 재무제표 작성 비용의 관점에서 또한 이미 보고된 정보와의 중복을 방지하기 위하여 중간재무보고서에는 연차재무제표에 비하여 적은 정보를 공시할 수 있다. 이 기준서에서 중간재무보고서의 최소 내용은 요약재무제표와 선별적 주석을 포함하는 것으로 본다. 중간재무보고서는 직전의 전체 연차재무제표를 갱신하는 정보를 제공하기 위하여 작성한 것으로 본다. 따라서 중간재무보고서는 새로운 활동, 사건과 환경에 중점을 두며 이미 보고된 정보를 반복하지 않는다.

① 직전 연차재무보고서를 연결기준으로 작성하였다면 중간재무보고서도 연결기준으로 작성해야 한다. 지배기업의 별도재무제표는 직전 연차연결재무제표와 일관되거나 비교가능한 재무제표가 아니다. 연차재무보고서에 연결재무제표 외에 추가적으로 지배기업의 별도재무제표가 포함되어 있더라도, 이 기준서는 중간재무보고서에 지배기업의 별도재무제표를 포함하는 것을 요구하거나 금지하지 않는다.

■ 유의적인 사건과 거래

② 중간재무보고서에는 직전 연차보고기간말 후 발생한 재무상태와 경영성과의 변동을 이해하는 데 유의적인 거래나 사건에 대한 설명을 포함한다. 이러한 사건과 거래에 관하여 공시된 정보는 직전 연차재무보고서에 표시된 관련 정보를 갱신한다.

③ 중간재무보고서의 이용자는 해당 기업의 직전 연차재무보고서도 이용할 수 있을 것이다. 따라서 직전 연차재무보고서에 이미 보고된 정보에 대한 갱신사항이 상대적으로 경미하다면 중간재무보고서에 주석으로 보고할 필요는 없다.

■ 중요성

중간재무보고서를 작성할 때 인식, 측정, 분류 및 공시와 관련된 중요성의 판단은 해당 중간기간의 재무자료에 근거하여 이루어져야 한다. 중요성을 평가하는 과정에서 중간기간의 측정은 연차재무자료의 측정에 비하여 추정에 의존하는 정도가 크다는 점을 고려하여야 한다.

10

정답 ①

해설

물량			
기초재공품	100	기초재공품완성분	100
		당기착수완성분	700
		공손품	50
당기착수	1,000	기말재공품	250
	1,100		1,100

- 정상공손수량 : 950단위 × 4% = 38단위
- 비정상공손수량 : 50단위 − 38단위 = 12단위

11

정답 ④

해설

법인세차감전 이익	1,100,000
미지급급여	(50,000)
감가상각비	(100,000)
미지급이자	(50,000)
미수이자	50,000
올바른 순이익	950,000

12

정답 ③

해설

20×2년 말 누적이익 2,000 (누적진행률 50%)
20×3년 말 누적이익 2,250 (누적진행률 75%)
20×3년 이익 250

13

정답 ①

해설

- 기말재고에 누락 : 자산과소계상
- 매입기록을 하지 않음 : 부채(매입채무)과소계상
- 자산과 부채를 동시에 과소계상하였으므로 자본에 영향이 없으며 당기손익에도 영향이 없다.

14

정답 ③

해설

[국가회계기준에 관한 규칙]

■ 제5조(재무제표와 부속서류) ① 재무제표는 「국가회계법」 제14조제3호에 따라 재정상태표, 재정운영표, 순자산변동표로 구성하되, 재무제표에 대한 주석을 포함한다.
② 재무제표의 부속서류는 필수보충정보와 부속명세서로 한다.
③ 재무제표는 국가의 재정활동에 직접 또는 간접적으로 이해관계를 갖는 정보이용자가 국가의 재정활동 내용을 파악하고, 합리적으로 의사결정을 할 수 있도록 유용한 정보를 제공하는 것을 목적으로 한다.
④ 재무제표는 국가가 공공회계책임을 적절히 이행하였는지를 평가하는 데 필요한 다음 각 호의 정보를 제공하여야 한다.
1. 국가의 재정상태 및 그 변동과 재정운영결과에 관한 정보
2. 국가사업의 목적을 능률적, 효과적으로 달성하였는지에 관한 정보
3. 예산과 그 밖에 관련 법규의 준수에 관한 정보

■ 제6조(재무제표의 작성원칙)
① 재무제표는 다음 각 호의 원칙에 따라 작성한다.
1. 재무제표는 해당 회계연도분과 직전 회계연도분을 비교하는 형식으로 작성한다.
2. 제1호에 따라 비교하는 형식으로 작성되는 두 회계연도의 재무제표는 계속성의 원칙에 따라 작성하며, 「국가회계법」에 따른 적용범위, 회계정책 또는 이 규칙 등이 변경된 경우에는 그 내용을 주석으로 공시한다.
3. 재무제표의 과목은 해당 항목의 중요성에 따라 별도의 과목으로 표시하거나 다른 과목으로 통합하여 표시할 수 있다.
4. 재무제표를 통합하여 작성할 경우 내부거래는 상계하여 작성한다.

15
정답 ③
해설 외부보고 및 조세목적을 위해서 일반적으로 인정되는 방법은 전부원가계산이다.

16
정답 ③
해설
- 세전이익 100,000+ 30,000 / (1 - 0.4) = 150,000
- 단위당 공헌이익 5,000 - 3,000 = 2,000
- 판매량 (500,000 + 150,000) / 2,000 = 325개

17
정답 ④
해설
당기발생원가 = 당기총제조원가 = 직접재료비 + 가공원가
- 직접노무비 + 직접노무비 × 3 = 100,000
- 직접노무비 = 25,000
- 직접재료비 : 40,000(기초원가) − 직접노무비(25,000) = 15,000
- 당기총제조원가 : 15,000(직접재료비) + 100,000(가공원가) = 115,000

참고로 당기제품제조원가 : 10,000(기초) + 115,000(총제조원가) − 15,000(기말) = 110,000 이 된다.

18
정답 ④
해설

2023년 12월 31일
(결산일 공정가액) 회계처리 없음
(피투자회사 당기순이익 보고)
(차) 관계기업주식 160,000
　　　　　　　(대) 지분법이익 160,000
*₩400,000×40% = ₩160,000

2024년 1월(배당금수취시)
(차) 현금 30,000
　　　　　　　(대) 관계기업주식 30,000
 *100주×₩100 = ₩10,000

2024년 3월 5일
(차) 현금 1,300,000
　　　　　　　(대) 지분법적용투자주식 1,130,000*
　　　　　　　　　관계기업주식처분이익 170,000
*처분전 장부가액 : 100주 × ₩10,000 + 160,000 − 30,000
　　　　　　　　= ₩1,130,000

19
정답 ②
해설
기말자본 = 기초자본 + 총포괄손익 + 소유주투자 − 소유주분배
32,400 = 30,000 + 1,500 + X + 2,000 − 800 − 1,000
X = 700

20
정답 ③
해설
투자활동유입액 = 처분가액 = 처분한자산의 장부가액 + 처분이익
　　　　　　　　= 20,000 + 5,000 = 25,000
투자활동유출액 = 취득가액 = (650,000)
순현금흐름　　　　　　(625,000)

〈별해〉

5,000- 300,000	처분손실 − 감가상각비
(450,000)	기계장치 증감
120,000	감가상각누계액 증감
(625,000)	투자활동순현금흐름

세법 전공강화 동형 모의고사 2회

01
정답 ③

해설
직계비속(수증자와 혼인 중인 배우자의 직계비속을 포함)으로부터 증여를 받은 경우 : 5천만 원

> **참고** 증여재산공제
> 상속세및증여세법 제53조(증여재산 공제)
> 거주자가 다음 각 호의 어느 하나에 해당하는 사람으로부터 증여를 받은 경우에는 다음 각 호의 구분에 따른 금액을 증여세 과세가액에서 공제한다. 이 경우 그 증여세 과세가액에서 공제받을 금액과 수증자가 그 증여를 받기 전 10년 이내에 공제받은 금액(제53조의2에 따라 공제받은 금액은 제외한다)을 합한 금액이 다음 각 호의 구분에 따른 금액을 초과하는 경우에는 그 초과하는 부분은 공제하지 아니한다. 〈개정 2023. 12. 31.〉
>
> 1. 배우자로부터 증여를 받은 경우: 6억원
>
> 2. 직계존속[수증자의 직계존속과 혼인(사실혼은 제외) 중인 배우자를 포함]으로부터 증여를 받은 경우: 5천만원. 다만, 미성년자가 직계존속으로부터 증여를 받은 경우에는 2천만원으로 한다.
>
> 3. 직계비속(수증자와 혼인 중인 배우자의 직계비속을 포함한다)으로부터 증여를 받은 경우: 5천만원
>
> 4. 제2호 및 제3호의 경우 외에 6촌 이내의 혈족, 4촌 이내의 인척으로부터 증여를 받은 경우: 1천만원

> **참고** 혼인 및 출산 증여재산 공제(2024년 신설)
> 제53조의2(혼인·출산 증여재산 공제)
> ① 거주자가 직계존속으로부터 혼인일(「가족관계의 등록 등에 관한 법률」 제15조제1항제3호에 따른 혼인관계증명서상 신고일을 말한다) 전후 2년 이내에 증여를 받는 경우에는 제2항 및 제53조제2호에 따른 공제와 별개로 1억원을 증여세 과세가액에서 공제한다. 이 경우 그 증여세 과세가액에서 공제받을 금액과 수증자가 이미 전단에 따라 공제받은 금액을 합한 금액이 1억원을 초과하는 경우에는 그 초과하는 부분은 공제하지 아니한다.
>
> ② 거주자가 직계존속으로부터 자녀의 출생일(「가족관계의 등록 등에 관한 법률」 제44조에 따른 출생신고서상 출생일을 말한다) 또는 입양일(「가족관계의 등록 등에 관한 법률」 제61조에 따른 입양신고일을 말한다)부터 2년 이내에 증여를 받는 경우에는 제1항 및 제53조제2호에 따른 공제와 별개로 1억원을 증여세 과세가액에서 공제한다. 이 경우 그 증여세 과세가액에서 공제받을 금액과 수증자가 이미 전단에 따라 공제받은 금액을 합한 금액이 1억원을 초과하는 경우에는 그 초과하는 부분은 공제하지 아니한다.
>
> ③ 제1항 및 제2항에 따라 증여세 과세가액에서 공제받았거나 받을 금액을 합한 금액이 1억원을 초과하는 경우에는 그 초과하는 부분은 공제하지 아니한다.
>
> ④ 제4조제1항제4호·제5호 및 같은 조 제2항에 따른 증여재산에 대해서는 제1항부터 제3항까지의 공제를 적용하지 아니한다.
>
> ⑤ 거주자가 제1항에 따른 공제를 받은 후 약혼자의 사망 등 대통령령으로 정하는 부득이한 사유가 발생하여 해당 증여재산을 그 사유가 발생한 달의 말일부터 3개월 이내에 증여자에게 반환하는 경우에는 처음부터 증여가 없었던 것으로 본다.
>
> ⑥ 혼인 전에 제1항에 따른 공제를 받은 거주자가 증여일(공제를 적용받은 증여가 다수인 경우 최초 증여일을 말한다. 이하 이 항에서 같다)부터 2년 이내에 혼인하지 아니한 경우로서 증여일부터 2년이 되는 날이 속하는 달의 말일부터 3개월이 되는 날까지 「국세기본법」 제45조에 따른 수정신고 또는 같은 법 제45조의3에 따른 기한 후 신고를 한 경우에는 대통령령으로 정하는 바에 따라 같은 법 제47조의2부터 제47조의4까지에 따른 가산세의 전부 또는 일부를 부과하지 아니하되, 대통령령으로 정하는 바에 따라 계산한 이자상당액을 증여세에 가산하여 부과한다.
>
> ⑦ 제1항에 따른 공제를 받은 거주자가 혼인이 무효가 된 경우로서 혼인무효의 소에 대한 판결이 확정된 날이 속하는 달의 말일부터 3개월이 되는 날까지 「국세기본법」 제45조에 따른 수정신고 또는 같은 법 제45조의3에 따른 기한 후 신고를 한 경우에는 대통령령으로 정하는 바에 따라 같은 법 제47조의2부터 제47조의4까지에 따른 가산세의 전부 또는 일부를 부과하지 아니하되, 대통령령으로 정하는 바에 따라 계산한 이자상당액을 증여세에 가산하여 부과한다.
> [본조신설 2023. 12. 31.]

02
정답 ①

해설
계약 체결 시점이 아니라 대금 지급 시점에 납세증명서를 제출하는 것이다.

03
정답 ①

해설
관세는 「국세기본법」상 국세에 해당되지 않는다.

04
정답 ④

해설
과소신고·초과환급신고가산세는 「부가가치세법」에 따른 사업자가 아닌 자가 환급세액을 신고한 경우에도 적용한다.
(②는 2024년 개정세법임)

05

정답 ①

해설

무신고가산세 및 과소신고·초과환급신고가산세는 법정신고기한이 경과하는 때에 납세의무가 성립한다.

06

정답 ④

해설

① 법인으로 보는 단체의 납세지 : 당해 단체의 사업장소재지를 납세지로 하되, 주된 소득이 부동산임대소득인 단체의 경우에는 그 부동산의 소재지를 납세지로 한다. 이 경우 2 이상의 사업장 또는 부동산을 가지고 있는 단체의 경우에는 주된 사업장 또는 주된 부동산의 소재지를 납세지로 하며, 사업장이 없는 단체의 경우에는 당해 단체의 정관 등에 기재된 주사무소의 소재지(정관 등에 주사무소에 관한 규정이 없는 단체의 경우에는 그 대표자 또는 관리인의 주소를 말한다)를 납세지로 한다.

② 납세지가 변경된 법인이 「부가가치세법」의 규정에 의하여 그 변경된 사실을 신고한 경우에도 「법인세법」의 규정에 의한 납세지 변경신고를 한 것으로 본다.

③ 법인세에 대한 원천징수의무자가 거주자인 경우 원천징수한 법인세의 납세지는 사업장 소재지로 한다.

> **참고** 「법인세법」상 납세지의 범위 및 납세지 신고
>
> ㉠ 내국법인의 법인세 납세지는 그 법인의 등기부에 따른 <u>본점이나 주사무소</u>의 소재지(국내에 본점 또는 주사무소가 있지 아니하는 경우에는 <u>사업을 실질적으로 관리하는 장소의 소재지</u>)로 한다. 다만, <u>법인으로 보는 단체</u>의 경우에는 대통령령으로 정하는 장소로 한다.
>
> ※ 법인으로 보는 단체의 납세지
> 법인으로 보는 단체의 납세지는 사업장소재지이다. 단, 주된 소득이 부동산임대소득인 단체의 경우에는 그 부동산의 소재지를 말한다. 이 경우 2 이상의 사업장 또는 부동산을 가지고 있는 단체의 경우에는 주된 사업장 또는 주된 부동산의 소재지를 말한다. "주된 사업장 또는 주된 부동산의 소재지"라 함은 직전 사업연도의 사업수입금액이 가장 많은 사업장 또는 부동산의 소재지를 말한다.
>
> 사업장이 없는 단체의 경우에는 당해 단체의 정관 등에 기재된 주사무소의 소재지(정관 등에 주사무소에 관한 규정이 없는 단체의 경우에는 그 대표자 또는 관리인의 주소를 말한다)를 말한다.
>
> ㉡ 외국법인의 법인세 납세지는 국내사업장의 소재지로 한다. 다만, 국내사업장이 없는 외국법인으로서 제93조제3호 또는 제7호에 따른 소득이 있는 외국법인의 경우에는 각각 그 자산의 소재지로 한다.

> **관련조문** 「법인세법」 제93조 3호 또는 7호
>
> 3. 국내에 있는 부동산 또는 부동산상의 권리와 국내에서 취득한 광업권, 조광권(租鑛權), 토사석(土砂石) 채취에 관한 권리 또는 지하수의 개발·이용권의 양도·임대 또는 그 밖의 운영으로 인하여 발생하는 소득. 다만, 제7호에 따른 양도소득은 제외한다.
> 7. 다음 각 목의 어느 하나에 해당하는 자산·권리의 양도소득. 다만, 그 소득을 발생하게 하는 자산·권리가 국내에 있는 경우로 한정한다.
>   가. 토지, 건물, 부동산에 관한 권리 자산·권리, 사업용유형자산과 함께 양도하는 영업권, 이용권 및 회원권
>   나. 내국법인의 주식등(주식등을 기초로 하여 발행한 예탁증서 및 신주인수권을 포함) 중 양도일이 속하는 사업연도 개시일 현재의 그 법인의 자산총액 중 다음의 가액의 합계액이 100분의 50 이상인 법인의 주식등 ("부동산주식등")으로서 「자본시장과 금융투자업에 관한 법률」에 따른 증권시장에 상장되지 아니한 주식 등
>   1) 토지, 건물, 부동산에 관한 권리
>   2) 내국법인이 보유한 다른 부동산 과다보유 법인의 주식가액에 그 다른 법인의 부동산 보유비율을 곱하여 산출한 가액

> ㉢ 둘 이상의 국내사업장이 있는 외국법인에 대하여는 국내원천소득이 발생하는 장소 중 당해 외국법인이 납세지로 신고하는 장소의 소재지를 납세지로 하고, 둘 이상의 자산이 있는 법인에 대하여는 대통령령으로 정하는 장소를 납세지로 한다. 이 경우 그 신고는 2 이상의 국내원천소득이 발생하게 된 날부터 1월 이내에 기획재정부령이 정하는 납세지신고서에 의하여 납세지 관할세무서장에게 하여야 한다.
>
> ㉣ 원천징수한 법인세의 납세지는 대통령령으로 정하는 해당 원천징수의무자의 소재지로 한다.
>
> ㉤ 건설업 등을 영위하는 외국법인의 국내사업장이 영해에 소재하는 이유 등으로 국내사업장을 납세지로 하는 것이 곤란한 경우에는 국내의 등기부상 소재지를 납세지로 한다. 다만, 등기부상 소재지가 없으면 국내에서 그 사업에 관한 업무를 총괄하는 장소를 납세지로 한다.

> **참고** 「법인세법」상 납세지의 지정
>
> ① 관할지방국세청장이나 국세청장은 납세지가 그 법인의 납세지로 적당하지 아니하다고 인정되는 경우로서 대통령령으로 정하는 경우에는 그 납세지를 지정할 수 있다. 이 경우 새로이 지정될 납세지가 그 관할을 달리하는 경우에는 국세청장이 그 납세지를 지정할 수 있다.
> 1. 내국법인의 본점등의 소재지가 등기된 주소와 동일하지 아니한 경우
> 2. 내국법인의 본점등의 소재지가 자산 또는 사업장과 분리되어 있어 조세포탈의 우려가 있다고 인정되는 경우
> 3. 2 이상의 국내사업장을 가지고 있는 외국법인의 경우로서 주된 사업장의 소재지를 판정할 수 없는 경우 4. 국내사업장이 없는 외국법인으로서 부동산등의 임대소득 또는 양도소득 대상 자산이 있는 외국법인의 경우로서 납세지 신고를 하지 아니한 경우
> ② 관할지방국세청장이나 국세청장은 납세지를 지정한 경우에는 대통령령으로 정하는 바에 따라 해당 법인에 이를 알려야 한다.
> ③ 납세지의 지정통지는 그 법인의 당해 사업연도 종료일부터 45일 이내에 이를 하여야 한다.
> ④ 납세지 지정 통지를 기한 내에 하지 아니한 경우에는 종전의 납세지를 그 법인의 납세지로 한다.

07

정답 ④

해설

① 결산을 확정할 때 잉여금의 처분을 손비로 계상한 금액 : 손금불산입 항목
② 법령에 따라 의무적으로 납부하는 것이 아닌 공과금 : 손금불산입 항목
③ 양도한 자산의 양도가액 : 익금 항목
④ 영업자가 조직한 단체로서 법인이거나 주무관청에 등록된 조합 또는 협회에 지급한 일반회비 : 손금 항목

08

정답 ①

해설

「서민의 금융생활 지원에 관한 법률」에 따른 채무조정을 받아 같은 법 제75조의 신용회복지원협약에 따라 면책으로 확정된 채권은 세무조정 사항 중 신고조정사항이다.

「법인세법」상 대손금은 다음과 같다.

구분	사유
신고조정사항	① 「상법」에 따른 소멸시효가 완성된 외상매출금 및 미수금 ② 「어음법」에 따른 소멸시효가 완성된 어음 ③ 「수표법」에 따른 소멸시효가 완성된 수표 ④ 「민법」에 따른 소멸시효가 완성된 대여금 및 선급금 ⑤ 「채무자 회생 및 파산에 관한 법률」에 따른 회생계획인가의 결정 또는 법원의 면책결정에 따라 회수불능으로 확정된 채권 ⑥ 「서민의 금융생활 지원에 관한 법률」에 따른 채무조정을 받아 같은 법 제75조의 신용회복지원협약에 따라 면책으로 확정된 채권 ⑦ 「민사집행법」 제102조에 따라 채무자의 재산에 대한 경매가 취소된 압류채권
결산조정사항	⑧ 물품의 수출 또는 외국에서의 용역제공으로 발생한 채권으로서 기획재정부령으로 정하는 사유에 해당하여 무역에 관한 법령에 따라 「무역보험법」 제37조에 따른 한국무역보험공사로부터 회수불능으로 확인된 채권 ⑨ 채무자의 파산, 강제집행, 형의 집행, 사업의 폐지, 사망, 실종 또는 행방불명으로 회수할 수 없는 채권 ⑩ 부도발생일부터 6개월 이상 지난 수표 또는 어음상의 채권 및 외상매출금[중소기업의 외상매출금으로서 부도발생일 이전의 것에 한정]. 다만, 해당 법인이 채무자의 재산에 대하여 저당권을 설정하고 있는 경우는 제외한다. ⑪ 중소기업의 외상매출금 및 미수금으로서 회수기일이 2년 이상 지난 외상매출금등. 다만, 특수관계인과의 거래로 인하여 발생한 외상매출금등은 제외한다. ⑫ 재판상 화해 등 확정판결과 같은 효력을 가지는 것으로서 기획재정부령으로 정하는 것에 따라 회수불능으로 확정된 채권
결산조정사항	⑬ 회수기일이 6개월 이상 지난 채권 중 채권가액이 30만원 이하(채무자별 채권가액의 합계액을 기준으로 함)인 채권 ⑭ 금융회사 등의 채권(여신전문금융회사인 신기술사업금융업자의 경우에는 신기술사업자에 대한 것에 한정함) 중 다음의 채권 ㉠ 금융감독원장이 기획재정부장관과 협의하여 정한 대손처리기준에 따라 금융회사 등이 금융감독원장으로부터 대손금으로 승인받은 것 ㉡ 금융감독원장이 가목의 기준에 해당한다고 인정하여 대손처리를 요구한 채권으로 금융회사 등이 대손금으로 계상한 것 ⑮ 「벤처투자 촉진에 관한 법률」 제2조 제10호에 따른 중소기업창업투자회사의 창업자에 대한 채권으로서 중소벤처기업부장관이 기획재정부장관과 협의하여 정한 기준에 해당한다고 인정한 것

참고 대손처리 가능채권과 불능채권

구분	내용
대손처리 가능채권	원칙적으로 대손처리할 수 있는 채권의 범위에는 제한이 없다.
대손처리 불능채권	다만, 다음의 채권은 대손금으로 손금산입할 수 없다. ① 대손세액공제를 받은 부가가치세 매출세액 미수금 ② 채무보증으로 인한 구상채권* ③ 특수관계인에 대한 업무무관가지급금 ➡ 부가가치세법상 대손세액공제를 적용받게 되면 동 금액만큼 채권가액이 제각되어 장부상 존재하지 않으므로 대손처리가 불가한 것이며, 채무보증으로 인하여 발생한 구상채권과 업무무관가지급금은 정책적 목적에 의하여 대손금으로 손금산입할 수 없다.

* 다만, 다음에 해당하는 채무보증으로 인하여 발생한 구상채권은 대손금으로 손금산입할 수 있다.
  ㉠ 독점규제및공정거래에관한법률에 의한 소정의 채무보증
  ㉡ 일정한 금융기관이 행한 채무보증
  ㉢ 신용보증사업을 영위하는 법인이 행한 채무보증
  ㉣ 위탁기업이 수탁기업협의회의 구성원인 수탁기업에 대하여 행한 채무보증
  ㉤ 건설업 및 전기 통신업을 영위하는 내국법인이 건설사업(미분양주택을 기초로 하는 제10조 제1항 제4호 각 목 외의 부분에 따른 유동화거래를 포함)과 직접 관련하여 특수관계인에 해당하지 아니하는 자에 대한 채무보증. 다만, 「사회기반시설에 대한 민간투자법」 제2조 제7호의 사업시행자 등 기획재정부령으로 정하는 자에 대한 채무보증은 특수관계인에 대한 채무보증을 포함한다.

09

정답 ④

해설

국세청장은 납세자가 세법에서 정한 납세의무를 이행하기 위하여 제출한 자료나 국세의 부과·징수를 위하여 업무상 취득한 과세정보를 타인에게 제공 또는 누설하거나 그 목적 외의 용도로 사용한 자에게 2천만 원 이하의 과태료를 부과·징수한다. 다만,「형법」등 다른 법률에 따라 형사처벌을 받은 경우에는 과태료를 부과하지 아니하고, 과태료를 부과한 후 형사처벌을 받은 경우에는 과태료 부과를 취소한다.

10

정답 ②

해설

상속세 물납 후 그 물납재산이 매각되었거나 다른 용도로 사용되고 있는 경우 등 대통령령으로 정하는 경우에는 금전으로 환급하여야 한다.

11

정답 ②

해설

직전 사업연도의 중소기업으로서 제63조의2제1항제1호의 계산식에 따라 계산한 금액이 50만 원 미만인 내국법인은 중간예납세액을 납부할 의무가 없다.

> **참고** 중간예납의무가 없는 법인
> 1. 다음 각 목의 어느 하나에 해당하는 법인
>   가.「고등교육법」제3조에 따른 사립학교를 경영하는 학교법인
>   나.「국립대학법인 서울대학교 설립·운영에 관한 법률」에 따른 국립대학법인 서울대학교
>   다.「국립대학법인 인천대학교 설립·운영에 관한 법률」에 따른 국립대학법인 인천대학교
>   라.「산업교육진흥 및 산학연협력촉진에 관한 법률」에 따른 산학협력단
>   마.「초·중등교육법」제3조제3호에 따른 사립학교를 경영하는 학교법인
> 2. 직전 사업연도의 중소기업으로서 제63조의2제1항제1호의 계산식에 따라 계산한 금액이 50만 원 미만인 내국법인

12

정답 ②

해설

관할 세무서장은 체납 발생일부터 1년이 지난 국세의 합계액이 2억 원 이상인 경우 체납자의 수입물품에 대한 강제징수를 세관장에게 위탁할 수 있다.

13

정답 ③

해설

① 직장공제회 초과반환금은 무조건 분리과세 대상이다.
② 소액주주(1% 미만 주주)인 임원의 사택제공이익은 과세 대상 근로소득이 아니다.
③ 고용관계 없이 받은 일시·우발적인 원고료 1,000만 원은 기타소득으로서 기타소득인 원고료는 60% 필요경비 추정 기타소득이다. 따라서 1,000만 원에서 600만 원을 차감한 400만 원이 기타소득금액이며 기타소득금액이 300만 원을 초과하는 경우에는 종합소득 합산과세를 하여야 한다.(기타소득금액은 300만 원 이하인 경우에만 분리과세 선택이 가능함)
④ 건설업이 아닌 경우 동일 고용주에게 3개월 이상 고용되어 있지 않은 경우 일용근로자에 해당되므로 해당 근로소득은 무조건 분리과세 대상 소득이다.

14

정답 ①

해설

(1) 인적공제액 = 기본공제 + 추가공제

구분	기본공제	추가공제	인적공제
본인	○	–	
배우자	○	–	
부친	×	–	
모친	×	–	
장녀	×	–	
장남	○	2,000,000 (장애인)	
	(₩1,500,000×3명) + ₩2,000,000		= ₩6,500,000

(2) 특별소득공제 : ₩1,800,000 + ₩500,000 = ₩2,300,000
(3) 종합소득공제액 : (1) + (2) = ₩8,800,000

15
정답 ③

해설
주된 사업과 관련하여 일시적으로 공급하는 재화 또는 용역의 공급은 별도의 공급으로 본다.

참고 부수재화 및 부수용역의 공급

구분		별도의 공급 여부
주된거래	대가관계 공급	별도의 공급에 해당하지 아니함
	공급관계 공급	
주된사업	우연 또는 일시적 공급	별도의 공급에 해당함
	부산물 공급	

16
정답 ①

해설
사업자가 재화 또는 용역의 공급시기가 되기 전에 재화 또는 용역에 대한 대가의 전부 또는 일부를 받고, 그 받은 대가에 대하여 세금계산서를 발급하면 그 세금계산서를 발급하는 때를 그 재화 또는 용역의 공급시기로 본다.

17
정답 ④

해설
사업소득(부동산임대업 제외)에서 발생한 결손금이 결손금 소급공제의 대상이 된다. 결손금 소급공제를 받으면 해당 결손금은 이월하여 공제할 수 없다.

18
정답 ③

해설
퇴직소득이 있는 거주자에 대해서는 해당 과세기간의 퇴직소득금액에서 근속연수공제 금액을 먼저 공제하고, 그 금액을 근속연수(1년 미만의 기간이 있는 경우에는 이를 1년으로 보며, 공적연금일시금 등의 경우에는 대통령령으로 정하는 방법에 따라 계산한 연수)로 나누고 12를 곱한 후의 금액("환산급여")에서 환산급여공제액을 공제한다.

19
정답 ③

해설
㉠ 주택 사용면적이 상가 사용면적보다 크므로 이 건물은 전부 주택으로 본다. 따라서 주택의 면적은 $30m^2$이고, 주택부수토지는 도시지역이므로 주택면적의 5배인 $150m^2$이다.

주택부수토지 : $150m^2$
한도 : Max {주택 연면적, 주택 정착면적 × 5배(도시지역 내에 있음)}
     = $150m^2$
∴ 부가가치세가 면세되는 주택부수토지의 면적 : $150m^2$

㉡ 부가가치세가 과세되는 부수토지의 면적 : $300m^2$ - (1) = $150m^2$

참고 겸용주택의 과세 및 면세 여부 판단
Ⓐ 주택 부분의 면적이 사업용 건물 부분의 면적보다 큰 경우에는 그 전부를 주택의 임대로 본다.
Ⓑ 주택 부분의 면적이 사업용 건물 부분의 면적과 같거나 그보다 작은 때에는 주택 부분 외의 사업용 건물 부분은 주택의 임대로 보지 아니한다. 이 경우 그 주택에 부수되는 토지의 면적은 총토지면적에 주택 부분의 면적이 총건물면적에서 차지하는 비율을 곱하여 계산한다.

20
정답 ④

해설
「부가가치세법」 제8조에 따른 사업자등록을 신청하기 전의 매입세액은 그 공급시기가 속하는 과세기간이 끝난 후 20일 이내에 등록을 신청한 경우에는 해당세액을 매출세액에서 공제할 수 있다.

회계학 전공강화 동형 모의고사 3회

01
정답 ③

해설

기초원가 = 직접재료원가 ₩45,000 +
　　　　　　 직접노무원가 ₩7,500 = 52,500

제조간접원가 = 간접재료원가 ₩15,000 +
　　　　　　　　 간접노무원가 ₩7,500 +
　　　　　　　　 공장건물감가상각비 ₩10,000 +
　　　　　　　　 공장수도광열비 ₩7,000 +
　　　　　　　　 공장소모품비 ₩5,000 = 44,500

02
정답 ④

해설

과소배부이므로 배부차이 금액을 매출원가에 가산해야 한다.
450,000 + 9,000 = 459,000

만약 총원가비례배분법이라면 전체 비율 중 매출원가의 비율이 90%이므로 8,100을 차감한다.
450,000 + 8,100 = 458,100

03
정답 ②

해설

	은행잔액
조정전 잔액	X
① 은행오류(수표지급오류)	45,000
② 기발행미인출수표	(37,000)
③ 미기입예금	10,000
④ 은행오류(계좌오류)	4,000
조정후 잔액	300,000

- 조정전 잔액 :
300,000 - 4,000 - 10,000 + 37,000 - 45,000 = 278,000

04
정답 ②

해설

① 재무제표는 미래 시점의 예상 재무상태가 아니라 보고기간 말의 재무상태를 표시하는 것이므로, 미래 영업에서 생길 원가는 충당부채로 인식하지 아니한다. 보고기간 말에 존재하는 부채만을 재무상태표에 인식한다.
② 기업의 미래 행위(미래 사업행위)와 관계없이 존재하는 과거사건에서 생긴 의무만을 충당부채로 인식한다. 예를 들면 불법적인 환경오염으로 인한 범칙금이나 환경정화비용은 기업의 미래 행위에 관계없이 해당 의무의 이행에 경제적 효익이 있는 자원의 유출을 불러온다. 이와 마찬가지로 유류보관시설이나 원자력 발전소 때문에 이미 일어난 피해에 대하여 기업은 복구할 의무가 있는 범위에서 유류보관시설이나 원자력 발전소의 사후처리원가와 관련된 충당부채를 인식한다. 반면에 상업적 압력이나 법률 규정 때문에 공장에 특정 정화장치를 설치하는 지출을 계획하고 있거나 그런 지출이 필요한 경우에는 공장 운영방식을 바꾸는 등의 미래 행위로 미래의 지출을 회피할 수 있으므로 미래에 지출을 해야 할 현재의무는 없으며 충당부채도 인식하지 아니한다.
③ 입법 예고된 법률의 세부 사항이 아직 확정되지 않은 경우에는 해당 법안대로 제정될 것이 거의 확실한(virtually certain) 때에만 의무가 생긴 것으로 본다. 이 기준서의 목적상 그러한 의무는 법적의무로 본다. 법률 제정을 둘러싼 다양한 상황 때문에 법률 제정을 거의 확실하게 하는 사건을 하나로 특정하기는 불가능하다. 일반적으로 특정 법률이 실제로 제정되기 전까지 해당 법률이 제정될 것이라고 확신하기는 어렵다.
④ 추정치의 사용은 재무제표 작성에 반드시 필요하며 재무제표의 신뢰성을 떨어뜨리지 않는다. 이는 충당부채의 경우에 더욱 그렇다. 충당부채의 특성상 재무상태표의 다른 항목보다 불확실성이 더 크기 때문이다. 극히 드문 경우를 제외하고는 가능한 결과의 범위를 판단할 수 있으므로 충당부채를 인식할 때 충분히 신뢰성 있는 금액을 추정할 수 있다.
극히 드문 경우로 신뢰성 있는 금액의 추정을 할 수 없는 때에는 부채로 인식하지 않고 우발부채로 공시한다.

05
정답 ③

해설
1,100주 × 5,000 - 200주 × 6,000 - 200주 × 7,000 + 100주 × 8,000 + 100주 × 9,000 = 4,600,000

06
정답 ②

해설
㈜종현이 20X1년 12월 31일 해당거래로 인식할 이자비용은 ₩1,000이다.

07
정답 ①

해설

구 분	최종제품판매가치	추가가공원가	순실현가치	결합원가배분액	제조원가
갑	₩3,200,000	₩800,000	₩2,400,000	₩1,000,000	₩1,800,000
을	3,000,000	600,000	2,400,000	1,000,000	1,600,000
합계			₩4,800,000	₩2,000,000	

08
정답 ④

해설
20×2년 말 인식할 비용 총액은 ₩171,000이다.

09
정답 ④

해설
사채의 할인발행 시 유효이자율법에 의해 상각하는 경우 기간 경과에 따라 매기 인식하는 할인발행차금의 상각액은 증가한다.

10
정답 ④

해설 소급법은 재무제표의 비교가능성은 유지되지만 신뢰성이 상실된다.

11
정답 ②

해설
재정상태표일 현재 장기 및 단기 투자증권의 신뢰성 있는 공정가치를 측정할 수 있어 당해 자산을 공정가치로 평가할 경우 장기투자증권평가손익, 단기 투자증권평가손익은 순자산변동표에 조정항목으로 표시한다.〈국가회계기준에관한규칙 제33조〉

12
정답 ④

해설
20X2년도에 손상차손(당기 손익)으로 인식할 금액
= 취득원가 - 회수가능액
= 500,000 - 470,000
= 30,000

13
정답 ①

해설
100 × 11 + 250 × 13 = 4,350

14
정답 ②

해설
손익분기점은 이익이 0이므로 '고정비 = 공헌이익'이 된다.
따라서 손익분기점에서 고정비가 ₩40,000,000이므로 공헌이익도 ₩40,000,000이고 매출액의 40%이다. 따라서 변동비율은 60%가 되고 단위당 변동비 ₩750을 변동비율 60% 나누면 단위당 판매가격은 ②번 ₩1,250이 된다.

15
정답 ②

해설
영업권은 합병대가에서 순자산공정가치의 차액으로 평가한다.
- **합병대가** ₩20,000,000
- **순자산공정가액** = 장부상 자산총액 ₩15,000,000 + 토지과소
  평가액 ₩10,000,000 - 부채총액]은
  ₩9,000,000 = ₩16,000,000
- **영업권** = ₩20,000,000 - ₩16,000,000 = ₩4,000,000

토지 등기이전비용은 토지원가로 처리한다.

16
정답 ④

해설
일괄구입이므로 상대적 공정가치비율로 안분한다.
950,000 × 40% = 380,000 + 85,000 - 70,000 = 395,000

17
정답 ④

해설
부채총액이 ₩20,000만큼 증가한다.

18
정답 ③

해설
현금수취액 = 106,000 - 106,000 × 10% × 6/12 = 100,700
매출채권처분손실 1,300 + 이자수익 2,000 = 700 증가

19
정답 ③

해설

사업총원가	₩117,000
사업수익	(₩52,000)
사업순원가	₩65,000
관리운영비	₩65,000
비배분비용	₩47,000
비배분수익	(₩38,000)
재정운영순원가	₩139,000

[관련 근거] 지방자치단체회계기준에관한규칙 제26조(재정운영표)
① 재정운영표는 회계연도 동안 회계실체가 수행한 사업의 원가와 회수된 원가 정보를 포함한 재정운영결과를 나타내는 재무제표를 말한다.
② 재정운영표는 다음 각 호와 같이 구분하여 표시한다.
  1. 사업순원가 : 가목에 따른 총원가에서 나목에 따른 사업수익을 빼서 표시한다.
    가. 총원가 : 사업을 수행하기 위하여 투입한 원가에서 다른 사업으로부터 배부받은 원가를 더하고, 다른 사업에 배부한 원가를 뺀 것
    나. 사업수익 : 사업의 수행과정에서 발생하거나 사업과 관련하여 국가·지방자치단체 등으로부터 얻은 수익
  2. 재정운영순원가 : 제1호에 따른 사업순원가에서 가목 및 나목의 비용은 더하고, 다목의 수익을 빼서 표시한다.
    가. 관리운영비 : 조직의 일반적이고 기본적인 기능을 수행하는 데 필요한 인건비, 기본경비 및 운영경비
    나. 비배분비용 : 임시적·비경상적으로 발생한 비용 및 사업과 직접적 또는 간접적 관련이 없어 제1호가목에 따른 총원가에 배분하는 것이 합리적이지 아니한 비용
    다. 비배분수익 : 임시적·비경상적으로 발생한 수익 및 사업과 직접적 관련이 없어 제1호나목의 사업수익에 합산하는 것이 합리적이지 아니한 수익

20
정답 ①

해설
분개를 해보면

(차) 현금 200　　(대) 매출채권 200
　　상품 500　　　　매입채무 500

→ 당좌자산 불변, 유동자산 500증가, 유동부채 500증가이므로 당좌비율은 100%이고 유동비율은 200% 이다.

세법 전공강화 동형 모의고사 3회

01
정답 ④

해설
청산 중에 있는 내국법인은 계속등기 여부에 불구하고 사실상 사업을 계속하는 경우에는 납세의무가 있다.

> **참고** 소득세가 비과세되는 농가부업의 부가가치세 과세 여부
> - 축산·어로·양어·고공품 제조 : 부가가치세 과세 제외
> - 민박·음식물판매·특산물 제조·전통차 제조 : 부가가치세 과세

02
정답 ④

해설
전자등록주식등 압류의 효력은 그 압류 통지서가 「국세징수법」 제56조의3 제1항 각 호의 구분에 따른 자에게 송달된 때에 발생한다.

03
정답 ④

해설
체납자의 재산에 대하여 강제징수를 시작한 후 체납자가 사망하였거나 체납자인 법인이 합병으로 소멸된 경우에도 그 재산에 대한 강제징수는 계속 진행하여야 한다.

04
정답 ④

해설
상속재산(가업상속공제를 받거나 사립유치원 등이 아닌 상속재산)의 경우 원칙적인 연부연납 기간은 연부연납 허가일부터 10년 이내로 하고, 증여세의 경우에는 연부연납 허가일부터 5년 이내로 한다.

> 상속세및증여세법 제71조(연부연납)
> ① 납세지 관할세무서장은 상속세 납부세액이나 증여세 납부세액이 2천만원을 초과하는 경우에는 대통령령으로 정하는 방법에 따라 납세의무자의 신청을 받아 연부연납을 허가할 수 있다. 이 경우 납세의무자는 담보를 제공하여야 하며, 「국세징수법」 제18조제1항제1호부터 제4호까지의 규정에 따른 납세담보를 제공하여 연부연납 허가를 신청하는 경우에는 그 신청일에 연부연납을 허가받은 것으로 본다.
> ② 제1항에 따른 연부연납의 기간은 다음 각 호의 구분에 따른 기간의 범위에서 해당 납세의무자가 신청한 기간으로 한다. 다만, 각 회분의 분할납부 세액이 1천만원을 초과하도록 연부연납기간을 정하여야 한다.
> 1. 상속세의 경우: 다음 각 목의 상속재산별 구분에 따른 기간
>   가. 제18조의2에 따라 가업상속공제를 받았거나 대통령령으로 정하는 요건에 따라 중소기업 또는 중견기업을 상속받은 경우의 대통령령으로 정하는 상속재산(「유아교육법」 제7조제3호에 따른 사립유치원에 직접 사용하는 재산 등 대통령령으로 정하는 재산을 포함한다. 이하 이 조에서 같다): 연부연납 허가일부터 20년 또는 연부연납 허가 후 10년이 되는 날부터 10년
>   나. 그 밖의 상속재산의 경우: 연부연납 허가일부터 10년
> 2. 증여세의 경우: 다음 각 목의 증여재산별 구분에 따른 기간
>   가. 「조세특례제한법」 제30조의6(가업의 승계에 대한 증여세 과세특례)에 따른 과세특례를 적용받은 증여재산: 연부연납 허가일부터 15년
>   나. 가목 외의 증여재산: 연부연납 허가일부터 5년
> ③ 제2항을 적용할 때 연부연납 대상금액의 산정방법은 대통령령으로 정한다.
> ④ 납세지 관할세무서장은 제1항에 따라 연부연납을 허가받은 납세의무자가 다음 각 호의 어느 하나에 해당하게 된 경우에는 대통령령으로 정하는 바에 따라 그 연부연납 허가를 취소하거나 변경하고, 그에 따라 연부연납과 관계되는 세액의 전액 또는 일부를 징수할 수 있다.
> 1. 연부연납 세액을 지정된 납부기한(제1항 후단에 따라 허가받은 것으로 보는 경우에는 연부연납 세액의 납부 예정일을 말한다)까지 납부하지 아니한 경우
> 2. 담보의 변경 또는 그 밖에 담보 보전(保全)에 필요한 관할세무서장의 명령에 따르지 아니한 경우
> 3. 「국세징수법」 제9조제1항 각 호의 어느 하나에 해당되어 그 연부연납기한까지 그 연부연납과 관계되는 세액의 전액을 징수할 수 없다고 인정되는 경우
> 4. 상속받은 사업을 폐업하거나 해당 상속인이 그 사업에 종사하지 아니하게 된 경우 등 대통령령으로 정하는 사유에 해당하는 경우
> 5. 「유아교육법」 제7조제3호에 따른 사립유치원에 직접 사용하는 재산 등 대통령령으로 정하는 재산을 해당 사업에 직접 사용하지 아니하는 경우 등 대통령령으로 정하는 경우
> ⑤ 납세지 관할세무서장은 제1항에 따라 연부연납을 허가(제1항 후단에 따라 허가받은 것으로 보는 경우는 제외한다)하거나 제4항에 따라 연부연납의 허가를 취소한 경우에는 납세의무자에게 그 사실을 알려야 한다.
>
> 제72조(연부연납 가산금)
> 제71조에 따라 연부연납의 허가를 받은 자는 다음 각 호의 어느 하나에 규정한 금액을 각 회분의 분할납부 세액에 가산하여 납부하여야 한다.
> 1. 처음의 분할납부 세액에 대해서는 연부연납을 허가한 총세액에 대하여 제67조와 제68조에 따른 신고기한 또는 납부고지서에 의한 납부기한의 다음 날부터 그 분할납부 세액의 납부기한까지의 일수(日數)에 대통령령으로 정하는 비율을 곱하여 계산한 금액
> 2. 제1호 외의 경우에는 연부연납을 허가한 총세액에서 직전 회까지 납부한 분할납부 세액의 합산금액을 뺀 잔액에 대하여 직전 회의 분할납부 세액 납부기한의 다음 날부터 해당 분할납부기한까지의 일수에 대통령령으로 정하는 비율을 곱하여 계산한 금액

05

정답 ②

해설

2기 예정신고기간(7월부터 9월까지)의 과세표준
= ⑴+⑵+⑶+⑷+⑸ = 69,200,000원

⑴ 단기할부판매 : 10,000,000원
⑵ 완성도기준지급조건부 : 10,000,000원×(10% + 40%) = 5,000,000원
⑶ 중간지급조건부에 해당하지 않으므로 인도일인 12월 20일이 공급시기임. 따라서 예정신고기간의 과세표준에 합산할 금액은 없음

> **참고**
> ⑶은 계약금을 받기로 한 날의 다음날부터 재화를 인도하는 날 또는 이용가능하게 하는 날 까지의 기간이 6개월 이상이 아니므로 중간지급조건부 공급에 해당하지 않는다. 그러므로 공급시기는 양도일(12월 20일)이 되어 예정신고 시 과세표준에 포함되는 금액은 없다.
> "중간지급조건부로 재화를 공급하는 경우"란 다음 중 어느 하나에 해당하는 경우를 말한다.
> 1. 계약금을 받기로 한 날의 다음 날부터 재화를 인도하는 날 또는 재화를 이용가능하게 하는 날까지의 기간이 6개월 이상인 경우로서 그 기간 이내에 계약금 외의 대가를 분할하여 받는 경우
> 2. 「국고금 관리법」 제26조에 따라 경비를 미리 지급받는 경우
> 3. 「지방회계법」 제35조에 따라 선금급(先金給)을 지급받는 경우

⑸ 수출재화의 공급가액 = 10,000,000원(수출환가액) + $40,000 × 1,100원/$ = 54,000,000원

⑷ 9월 30일 받은 대가 200,000원에 대하여 세금계산서를 선발급한 것은 공급시기 특례에 해당되어 적법한 세금계산서 발급이므로 2기 예정신고기간의 과세표준은 200,000원이고, 나머지 800,000원은 인도일인 12월 10일에 세금계산서를 발급하므로 2기 확정신고시의 공급가액은 800,000원이다.

06

정답 ④

해설

㉠ 타인명의세금계산서 : 공급가액의 2%
㉡ 세금계산서 부실기재 : 공급가액의 1%
㉢ 가공세금계산서 : 공급가액의 3%
㉣ 세금계산서 지연발급 : 공급가액의 1%

07

정답 ③

해설

㉠ 세관장이 징수할 부가가치세 = (40,000,000원 + 10,000,000원 + 8,000,000원 + 1,000,000원 + 1,000,000원) × 10% = 6,000,000원

㉡ 甲이 거래징수할 부가가치세 : (80,000,000원 − 60,000,000원) × 10% = 2,000,000원

> 사업자가 보세구역 내에서 보세구역 밖의 국내에 수입 재화를 공급하는 경우 공급가액
> = 그 재화의 공급가액 − 수입 재화의 과세표준
>
> **참고**
> 사업자가 보세구역 내에 보관된 재화를 다른 사업자에게 공급하고, 그 재화를 공급받은 자가 그 재화를 보세구역으로부터 반입하는 경우 그 재화의 공급가액에서 세관장이 부가가치세를 징수하고 발급한 수입세금계산서에 적힌 공급가액을 뺀 금액을 과세표준으로 한다. 다만, 세관장이 부가가치세를 징수하기 전에 같은 재화에 대한 선하증권이 양도되는 경우에는 선하증권의 양수인으로부터 받은 대가를 공급가액으로 할 수 있다.

08

정답 ①

해설

② 행정기관의 장은 「국세기본법」 제6조에 따라 기한을 연장하였을 때에는 문서로 지체 없이 관계인에게 통지하여야 하며, 납세자가 기한연장을 신청한 경우에는 기한 만료일 전에 그 승인 여부를 통지하여야 한다.
③ 「국세기본법」 또는 세법에서 규정하는 신고기한 만료일 또는 납부기한 만료일에 국세정보통신망이 대통령령으로 정하는 장애로 가동이 정지되어 전자신고나 전자납부를 할 수 없는 경우에는 그 장애가 복구되어 신고 또는 납부할 수 있게 된 날의 다음날을 기한으로 한다.
④ 「국세기본법」 또는 세법에서 규정하는 신고, 신청, 청구, 그 밖에 서류의 제출, 통지, 납부 또는 징수에 관한 기한이 토요일 및 일요일, 「공휴일에 관한 법률」에 따른 공휴일 및 대체공휴일, 「근로자의 날 제정에 관한 법률」에 따른 근로자의 날에 해당하는 경우에는 그 다음날을 기한으로 한다.

09

정답 ④

해설

과세표준신고서 또는 기한후과세표준신고서에 기재된 결손금액 또는 환급세액(각 세법에 따라 결정 또는 경정이 있는 경우에는 해당 결정 또는 경정 후의 결손금액 또는 환급세액)이 세법에 따라 신고하여야 할 결손금액 또는 환급세액에 미치지 못할 때에는 최초신고 및 수정신고한 국세의 과세표준 및 세액의 결정 또는 경정을 법정신고기한이 지난 후 5년 이내에 관할 세무서장에게 청구할 수 있다. 다만, 결정 또는 경정으로 인하여 증가된 과세표준 및 세액에 대하여는 해당 처분이 있음을 안 날(처분의 통지를 받은 때에는 그 받은 날)부터 90일 이내 (법정신고기한이 지난 후 5년 이내로 한정함)에 경정을 청구할 수 있다.

10

정답 ④

해설

법정기일 후에 가등기를 마친 사실이 증명되는 재산을 매각하여 그 매각금액에서 국세를 징수하는 경우 그 재산을 압류한 날 이후에 그 가등기에 따른 본등기가 이루어지더라도 그 국세는 그 가등기에 의해 담보된 채권보다 우선한다.

11

정답 ③

해설

납부지연가산세 및 원천징수 등 납부지연가산세의 미납일수 계산 시 납부고지서에 따른 납부기한의 다음 날부터 납부일까지의 기간(지정납부기한과 독촉장에서 정하는 기한을 연장한 경우 그 연장기간은 제외)이 5년을 초과하는 경우 그 기간은 5년으로 한다.

12

정답 ②

해설

②는 세무조사 기간을 연장할 수 있는 사유에 해당하며, 같은 과세기간, 같은 세목에 대한 재조사 사유에 해당되지 않는다.

<중복조사 금지의 예외>
같은 과세기간, 같은 세목에 대하여 세무조사를 다시 할 수 있는 경우는 다음과 같다.
① 조세탈루의 혐의를 인정할 만한 명백한 자료가 있는 경우
② 거래상대방에 대한 조사가 필요한 경우
③ 2개 이상의 과세기간과 관련하여 잘못이 있는 경우
④ 이의신청, 심사청구, 심판청구 및 과세전적부심사에 대한 재조사 결정에 따라 조사를 하는 경우(결정서 주문에 기재된 범위의 조사에 한정함)
⑤ 납세자가 세무공무원에게 직무와 관련하여 금품을 제공하거나 금품 제공을 알선하는 경우
⑥ 부분조사를 실시한 후 해당 조사에 포함되지 않은 부분에 대하여 조사하는 경우
⑦ 부동산투기, 매점매석, 무자료거래 등 경제질서 교란 등을 통한 세금탈루 혐의가 있는 자에 대하여 일제조사를 하는 경우
⑧ 과세관청 외의 기관이 직무상 목적을 위해 작성하거나 취득해 과세관청에 제공한 자료의 처리를 위해 조사하는 경우
⑨ 국세환급금의 결정을 위한 확인조사를 하는 경우
⑩ 「조세범처벌절차법」에 따른 조세범칙행위의 혐의를 인정할 만한 명백한 자료가 있는 경우(다만, 해당 자료에 대하여 「조세범 처벌절차법」 제5조 제1항 제1호에 따라 조세범칙조사심의위원회가 조세범칙조사의 실시에 관한 심의를 한 결과 조세범칙행위의 혐의가 없다고 의결한 경우에는 조세범칙행위의 혐의를 인정할 만한 명백한 자료로 인정하지 아니한다.)

13

정답 ④

해설

ⓒ 법인세 과세표준의 신고는 각 사업연도 종료일이 속하는 달의 말일로부터 3개월 이내에 하여야 한다.
ⓔ 내국영리법인만 청산소득에 대하여 법인세 납세의무가 있다. (단, 조직변경, 합병·분할로 인한 해산 제외)

14

정답 ④

해설

외국법인이 국내에서 사업의 일부를 수행하는 작업장, 공장 또는 창고를 가지고 있는 경우에는 국내사업장이 있는 것으로 본다.

관련조문 법인세법 제94조(외국법인의 국내사업장)
① 외국법인이 국내에 사업의 전부 또는 일부를 수행하는 고정된 장소를 가지고 있는 경우에는 국내사업장이 있는 것으로 한다.
② 제1항에 따른 국내사업장에는 다음 각 호의 어느 하나에 해당하는 장소를 포함하는 것으로 한다.
 1. 지점, 사무소 또는 영업소
 2. 상점, 그 밖의 고정된 판매장소
 3. 작업장, 공장 또는 창고
 4. 6개월을 초과하여 존속하는 건축 장소, 건설·조립·설치공사의 현장 또는 이와 관련되는 감독 활동을 수행하는 장소
 5. 고용인을 통하여 용역을 제공하는 경우로서 다음 각 목의 어느 하나에 해당되는 장소
  가. 용역의 제공이 계속되는 12개월 중 총 6개월을 초과하는 기간 동안 용역이 수행되는 장소
  나. 용역의 제공이 계속되는 12개월 중 총 6개월을 초과하지 아니하는 경우로서 유사한 종류의 용역이 2년 이상 계속적·반복적으로 수행되는 장소
 6. 광산·채석장 또는 해저천연자원이나 그 밖의 천연자원의 탐사 및 채취 장소[국제법에 따라 우리나라가 영해 밖에서 주권을 행사하는 지역으로서 우리나라의 연안에 인접한 해저지역의 해상(海床)과 하층토(下層土)에 있는 것을 포함한다]

③ 외국법인이 제1항에 따른 고정된 장소를 가지고 있지 아니한 경우에도 국내에 그 외국법인을 위하여 계약을 체결할 권한을 가지고 그 권한을 반복적으로 행사하는 자 또는 이에 준하는 자로서 대통령령으로 정하는 자를 두고 사업을 경영하는 경우에는 그 자의 사업장 소재지(사업장이 없는 경우에는 주소지로 하고, 주소지가 없는 경우에는 거소지로 한다)에 국내사업장을 둔 것으로 본다.

④ 제1항에 따른 국내사업장에는 다음 각 호의 장소는 포함되지 아니한다.
1. 외국법인이 자산의 단순한 구입만을 위하여 사용하는 일정한 장소
2. 외국법인이 판매를 목적으로 하지 아니하는 자산의 저장이나 보관만을 위하여 사용하는 일정한 장소
3. 외국법인이 광고, 선전, 정보의 수집 및 제공, 시장조사, 그 밖에 그 사업수행상 예비적이며 보조적인 성격을 가진 사업활동을 하기 위하여 사용하는 일정한 장소
4. 외국법인이 자기의 자산을 타인으로 하여금 가공하게 할 목적으로만 사용하는 일정한 장소

⑤ 제4항에도 불구하고 특정 활동 장소가 다음 각 호의 어느 하나에 해당하는 경우에는 제1항에 따른 국내사업장에 포함한다.
1. 외국법인 또는 대통령령으로 정하는 특수관계가 있는 외국법인(비거주자를 포함한다. 이하 이 항에서 "특수관계가 있는 자"라 한다)이 특정 활동 장소와 같은 장소 또는 국내의 다른 장소에서 사업을 수행하고 다음 각 목의 요건을 모두 충족하는 경우
 가. 특정 활동 장소와 같은 장소 또는 국내의 다른 장소에 해당 외국법인 또는 특수관계가 있는 자의 국내사업장이 존재할 것
 나. 특정 활동 장소에서 수행하는 활동과 가목의 국내사업장에서 수행하는 활동이 상호 보완적일 것
2. 외국법인 또는 특수관계가 있는 자가 특정 활동 장소와 같은 장소 또는 국내의 다른 장소에서 상호 보완적인 활동을 수행하고 각각의 활동을 결합한 전체적인 활동이 외국법인 또는 특수관계가 있는 자의 사업 활동에 비추어 예비적 또는 보조적인 성격을 가진 활동에 해당하지 아니하는 경우

15

정답 ②

해설

감가상각 범위액 = 미상각잔액 × 상각률
= (100,000,000원 − 48,000,000원 + 3,000,000원) × 0.125(정액법, 8년)
= 6,875,000원

> 참고
> 감가상각 방법 변경시 상각범위액은 미상각잔액에 변경된 감가상각 방법에 의한 상각률을 적용하여 계산한다. 이 경우 내용연수는 잔여내용연수가 아닌 당초에 신고한 신고내용연수(8년)를 적용한다.

16

정답 ②

해설

거주자가 사망한 경우 그 상속인은 그 상속개시일이 속하는 달의 말일부터 6개월이 되는 날(이 기간 중 상속인이 출국하는 경우에는 출국일 전날)까지 사망일이 속하는 과세기간에 대한 그 거주자의 과세표준을 납세지관할세무서장에게 신고하여야 한다.

17

정답 ②

해설

① 내국법인(간접투자회사등은 제외)이 해당 법인이 출자한 외국자회사(내국법인이 의결권 있는 발행주식총수 또는 출자총액의 100분의 10(「조세특례제한법」 제22조에 따른 해외자원개발사업을 하는 외국법인의 경우에는 100분의 5) 이상을 출자하고 있는 외국법인으로서 대통령령으로 정하는 요건을 갖춘 법인)로부터 받은 이익의 배당금 또는 잉여금의 분배금과 의제배당을 합한 수입배당금액의 100분의 95에 해당하는 금액은 각 사업연도의 소득금액을 계산할 때 익금에 산입하지 아니한다.
③ 배당을 받은 주주등에 대하여 「법인세법」 또는 「조세특례제한법」에 따라 그 배당에 대한 소득세 또는 법인세가 비과세되는 경우에는 유동화전문회사 등의 소득공제 규정을 적용하지 않는다.
④ 공익신탁의 신탁재산에서 생기는 소득은 비과세소득이므로 각 사업연도 소득에 대한 법인세를 과세하지 아니한다.

18

정답 ③

해설

㉠ + ㉡ + ㉣ + ㉥ = 128,400,000원
이자수익 사업소득 총수입금액에 산입하지 않고, 사업과 관련한 자산수증이익(사업과 관련하여 기증받은 컴퓨터)은 총수입금액에 산입한다. 대표자 본인의 급여는 필요경비불산입 항목이지만, 이 문제의 경우 사업소득금액 계산을 하는 문제가 아니라 총수입금액 계산을 하는 문제이므로 필요경비불산입항목은 문제풀이 시 고려하지 않는다.

> ㉢ 사업자금을 은행에 예치하여 발생하는 이자수익은 사업소득금액 계산 시 총수입금액에 산입하지 않고 이자소득으로 과세된다.
> ㉤ 사업소득금액 계산시 대표자 본인에 대한 급여는 필요경비로 인정되지 않는다.
> ㉦ 사업운영자금으로 가입했다고 하더라도 저축성 보험의 보험차익은 사업소득에 해당하지 않는다. 저축성보험의 보험차익은 원칙적으로 이자소득으로 과세된다.

19

정답 ③

해설

계약의 위약 또는 해약으로 인하여 받는 위약금과 배상금 중 주택입주 지체상금의 필요경비 산입액은 거주자가 받은 금액의 100분의 80에 상당하는 금액과 실제 소요된 필요경비 중 큰 금액으로 한다.

20

정답 ②

해설

㉠, ㉣, ㉤, ㉥

- ㉠ 출자공동사업자의 손익분배금은 무조건 종합과세 대상이므로 반드시 종합소득 과세표준 확정신고를 하여야 한다.
- ㉡ 퇴직급여는 분류과세 대상이므로 종합소득 과세표준에 합산하지 않으며, 사적연금 수령액은 무조건 분리과세 대상이 아닌 경우에는 총연금수령액 1,200만 원 이하인 경우 분리과세를 선택할 수 있으므로 원천징수에 의한 분리과세를 하거나 종합소득 과세표준 확정신고를 할 수 있다. 따라서 반드시 확정신고하여야 하는 것은 아니다.
- ㉢ 일용근로소득은 원천징수로 분리과세되는 소득이므로 종합소득 합산과세하지 않으며, 공적연금소득은 1월에 연말정산을 하며 종합과세대상 타소득이 없는 경우에는 확정신고를 하지 않을 수 있다.
- ㉣ 국내에서 원천징수되지 않은 배당의 경우 무조건 종합과세 대상이므로 반드시 종합소득 과세표준 확정신고를 하여야 한다. 이 경우 연말정산을 한 공적연금소득과 합산하여 종합소득세 신고를 하여야 한다.
- ㉤ 상가임대료 수입은 부동산임대사업소득이고 부동산임대사업소득은 종합소득 과세표준확정신고를 반드시 하여야 한다. 주택임대소득의 경우 분리과세주택임대소득도 종합소득 과세표준 확정신고는 반드시 하되, 세액 계산 시 타소득과 합산하지 않고 별도로 14%의 세율을 적용할 수 있는 것이다.
- ㉥ 국내은행 정기예금 이자는 2,000만 원 이하이므로 원천징수 분리과세 대상이다. 고용관계 없이 다수인에게 강연하고 받은 강연료는 기타소득이고 60% 추정 필요경비를 인정하므로 기타소득금액은 400만 원이다. 따라서 선택적 분리과세 대상이 아닌 기타소득이므로 반드시 종합소득과세표준 확정신고를 하여야 한다.

관련조문 「소득세법」 제73조(과세표준확정신고의 예외)

① 다음 각 호의 어느 하나에 해당하는 거주자는 해당 소득에 대하여 과세표준확정신고를 하지 아니할 수 있다.
1. 근로소득만 있는 자
2. 퇴직소득만 있는 자
3. 공적연금소득만 있는 자
4. 원천징수되는 사업소득으로서 대통령령으로 정하는 사업소득만 있는 자
5. 제1호 및 제2호의 소득만 있는 자
6. 제2호 및 제3호의 소득만 있는 자
7. 제2호 및 제4호의 소득만 있는 자
8. 분리과세이자소득, 분리과세배당소득, 분리과세연금소득 및 분리과세기타소득만 있는 자
9. 제1호부터 제7호까지의 규정에 해당하는 사람으로서 분리과세이자소득, 분리과세배당소득, 분리과세연금소득 및 분리과세기타소득이 있는 자

⑤ 제82조에 따른 수시부과 후 추가로 발생한 소득이 없을 경우에는 과세표준확정신고를 하지 아니할 수 있다.

회계학 전공강화 동형 모의고사 4회

01

정답 ②

해설

법인세차감전순이익	244,000
사채상환손실	10,000
미수이자수익 감소액	6,000
매출채권 감소액	8,000
재고자산 증가액	(14,000)
매입채무 증가액	5,000
법인세차감전 현금흐름	259,000
법인세지급액	(12,000)
영업활동현금흐름	247,000

02

정답 ②

해설

현금 및 현금성자산 : 지급기일이 도래한 공채이자표 + 지폐와 동전 + 취득일부터 만기가 3개월인 양도성예금증서
= 5,000 + 50,000 + 2,000 = 57,000

03

정답 ④

해설

경영진이 의도한 방식으로 유형자산을 가동할 수 있는 장소와 상태에 이르게 하는 동안에 재화(예: 자산이 정상적으로 작동되는지를 시험할 때 생산되는 시제품)가 생산될 수 있다. 그러한 재화를 판매하여 얻은 매각금액과 그 재화의 원가는 적용 가능한 기준서에 따라 당기손익으로 인식한다. 그 재화의 원가는 기업회계기준서 제1002호의 측정 요구사항을 적용하여 측정한다.

04

정답 ③

해설

〈고저점법〉

$Y = a + bx$

$b = \dfrac{60,000 - 30,000}{300 - 100} = 150$

100개 × 150 + a = 30,000

a = 15,000

$Y = 13,500 + 180x$ 로 도출된다.

x에 200을 대입하면 49,500 이 된다.

05

정답 ④

해설

- **제15조(유동자산)** 유동자산은 회계연도 종료 후 1년 내에 현금화가 가능하거나 실현될 것으로 예상되는 자산으로서 현금 및 현금성 자산, 단기금융상품, 미수세금, 미수세외수입금 등을 말한다.
- **제16조(투자자산)** 투자자산은 회계실체가 투자하거나 권리행사 등의 목적으로 보유하고 있는 비유동자산으로서 장기금융상품, 장기융자금, 장기투자증권 등을 말한다.
- **제17조(일반유형자산)** 일반유형자산은 공공서비스의 제공을 위하여 1년 이상 반복적 또는 계속적으로 사용되는 자산으로서 토지, 건물, 입목 등을 말한다.
- **제18조(주민편의시설)** 주민편의시설은 주민의 편의를 위하여 1년 이상 반복적 또는 계속적으로 사용되는 자산으로서 도서관, 주차장, 공원, 박물관 및 미술관 등을 말한다.
- **제19조(사회기반시설)** 사회기반시설은 초기에 대규모 투자가 필요하고 파급효과가 장기간에 걸쳐 나타나는 지역사회의 기반적인 자산으로서 도로, 도시철도, 상수도시설, 수질정화시설, 하천부속시설 등을 말한다.
- **제20조(기타비유동자산)** 기타비유동자산은 유동자산, 투자자산, 일반유형자산, 주민편의시설, 사회기반시설에 속하지 아니하는 자산으로서 보증금, 무형자산 등을 말한다.
- **제23조(장기차입부채)** 장기차입부채는 회계연도 종료 후 1년 이후에 만기가 되는 차입부채로서 장기차입금, 지방채증권 등을 말한다.

06

정답 ③

해설

- **제42조(국채의 평가)** ① 국채는 국채발행수수료 및 발행과 관련하여 직접 발생한 비용을 뺀 발행가액으로 평가한다.
② 국채의 액면가액과 발행가액의 차이는 국채할인(할증)발행차금 과목으로 액면가액에 빼거나 더하는 형식으로 표시하며, 그 할인(할증)발행차금은 발행한 때부터 최종 상환할 때까지의 기간에 유효이자율로 상각 또는 환입하여 국채에 대한 이자비용에 더하거나 뺀다.

07

정답 ②

해설

① 내부 프로젝트의 연구 단계에 대한 지출은 무형자산으로 인식할 수 없다.
③ 사업결합으로 취득하는 무형자산의 취득원가는 취득일의 공정가치로 인식하고, 내부적으로 창출된 영업권은 무형자산으로 인식하지 아니한다.
④ 내부적으로 창출한 브랜드, 출판표제, 고객 목록과 이와 실질이 유사한 항목은 무형자산으로 인식하지 아니한다.
② 일부 무형자산은 컴팩트디스크(컴퓨터소프트웨어의 경우), 법적 서류(라이선스나 특허권의 경우)나 필름과 같은 물리적 형체에 담겨 있을 수 있다. 유형의 요소와 무형의 요소를 모두 갖추고 있는 자산을 기업회계기준서 제1016호 '유형자산'에 따라 회계처리하는지 아니면 이 기준서에 따라 무형자산으로 회계처리하는지를 결정해야 할 때에는, 어떤 요소가 더 유의적인지를 판단한다. 예를 들면, 컴퓨터로 제어되는 기계장치가 특정 컴퓨터소프트웨어가 없으면 가동이 불가능한 경우에는 그 소프트웨어를 관련된 하드웨어의 일부로 보아 유형자산으로 회계처리한다. 컴퓨터의 운영시스템에도 동일하게 적용한다. 관련된 하드웨어의 일부가 아닌 소프트웨어는 무형자산으로 회계처리한다.

08

정답 ④

해설

(2023년 12월 31일 취득시)
(차) 관계기업주식 30,000 (대) 현금 30,000
(2024년 8월 20일 중간배당금 지급)
(차) 현금 6,000 (대) 관계기업주식 6,000
(2024년도 순자산변동은 당기순이익 및 FVOCI 금융자산평가손실 발생)
(차) 관계기업주식 12,000 (대) 지분법이익 12,000
(차) 지분법자본변동 3,000 (대) 관계기업주식 3,000
관계기업주식 계정잔액:
₩30,000 − 6,000 + 12,000 − 3,000 = ₩33,000

09

정답 ③

해설

① A투자안의 변동비율(60%) > B 투자안(50%)의 변동비율
② A투자안의 단위당 공헌이익(80) < B 투자안의 단위당 공헌이익(100)
③ A투자안의 손익분기점 판매량(50) < B 투자안의 손익분기점 판매량(60)
④ A투자안의 안전한계(10,000) > B 투자안의 안전한계(8,000)

10

정답 ②

해설

FVOCI 채무상품은 재분류조정이 되므로 AC금융자산과 처분손익이 동일하다.
9,500 − 9,800 = (300)

〈분개〉
(차) FVOCI 10,000 (대) 현금 10,000

(차) 평가손실 500 (대) FVOCI 500

(차) 손상차손 200 (대) 평가손실 200

(차) 현금 9,500 (대) FVOCI 9,500
    처분손실 300   평가손실 300

11

정답 ④

해설

20×3년 초 장부가액 = 150,000 − 60,000 − 36,000 = 54,000
20×3년 감가상각비 = (54,000 − 10,000) / 4년 = 11,000

12

정답 ③

해설

단계배부법은 우선순위가 높은 보조부문의 원가를 우선순위가 낮은 보조부문에 먼저 배부하고, 배부를 끝낸 보조부문에는 다른 보조부문원가를 재배부하지 않는 방법이다.

13
정답 ④

해설
제조원가명세서는 「한국채택국제회계기준」에서 규정하고 있는 전체 재무제표에 포함되지 않는다.

14
정답 ①

해설
기말자본 = 기초자본 + 당기순이익 + 기타포괄손익 + 유상증자 − 현금배당
₩38,000,000 = ₩35,000,000 + 당기순이익 + ₩1,000,000 − ₩500,000
당기순이익 = ₩2,500,000

15
정답 ④

해설
자본화해야 할 차입원가의 산정
(1) 특정차입금에 대한 차입원가: ₩60
(2) 일반차입금에 대한 차입원가
　　(₩4,000^{*1} − 1,000^{*2}) × 7%^{*3} = ₩210
　　*1 공장에 대한 평균지출액 =
　　　　₩3,000 × 12/12 + 2,000 × 6/12 = ₩4,000
　　*2 특정차입금사용액 = ₩1,000 × 12/12
　　*3 자본화이자율 = (₩50 + 160) / (₩1,000 + 2,000)
　　　　　　　　　　= 7%
(3) 자본화해야 할 차입원가 = ₩60 + 210 = ₩270

16
정답 ①

해설
선입선출법이므로 기말재고 매가 24,000에 당기 원가율을 곱한다. 당기원가율은 5/6 이므로 기말재고는 20,000이 된다. 따라서 매출원가는 60,000이 된다.

17
정답 ③

해설
평균법은 기초재공품원가와 당기발생원가를 구분하지 않기 때문에 선입선출법보다 원가계산이 부정확하다는 단점이 있다.

18
정답 ③

해설
발생주의 이자비용　　　　　: (1,700)
자산감소(=선급이자감소)　　: (200)
부채증가(=미지급이자증가)　: x
현금주의 이자비용 : (1,500)
x = 400 이므로 기말미지급이자는 700이다.

19
정답 ②

해설
신주발행비용이 ₩2,000 발생한 경우
(차) 현금　　78,000*　　(대) 자본금　　100,000
　　 주식할인발행차금　22,000
* (20주 × ₩4,000) − ₩2,000 = ₩78,000

20
정답 ①

해설
단위당 공헌이익 200이고 세전이익 160,000이므로
목표이익판매수량은
(고정비 300,000 + 세전이익 160,000) / 200 = 2,300

세법 전공강화 동형 모의고사 4회

01
정답 ④

해설

상속세 과세표준을 법정신고기한 내에 신고한 경우에는 상속세산출세액에서 징수유예, 공제 또는 감면 금액을 차감한 금액의 100분의 3에 상당하는 금액을 신고세액공제로 공제한다.

02
정답 ④

해설

납부기한 전 징수와 교부청구 사유는 다음과 같다.

납부기한 전 징수 사유	교부청구 사유
㉠ 국세, 지방세 또는 공과금의 체납으로 체납처분 또는 강제징수가 시작된 경우	㉠ 국세, 지방세 또는 공과금의 체납으로 체납처분 또는 강제징수가 시작된 경우
㉡ 「민사집행법」에 따른 강제집행 및 담보권 실행 등을 위한 경매가 시작되거나 「채무자 회생 및 파산에 관한 법률」에 따른 파산선고를 받은 경우	㉡ 「민사집행법」에 따른 강제집행 및 담보권 실행 등을 위한 경매가 시작되거나 「채무자 회생 및 파산에 관한 법률」에 따른 파산선고를 받은 경우
㉢ 법인이 해산한 경우	㉢ 법인이 해산한 경우
㉣ 「어음법」 및 「수표법」에 따른 어음교환소에서 거래정지처분을 받은 경우	
㉤ 국세를 포탈(逋脫)하려는 행위가 있다고 인정되는 경우	
㉥ 납세관리인을 정하지 아니하고 국내에 주소 또는 거소를 두지 아니하게 된 경우	

03
정답 ①

해설

자기적립마일리지 외의 마일리지등(제3자적립마일리지)으로 대금의 전부 또는 일부를 결제받은 경우에는 마일리지등 외의 수단으로 결제받은 금액과 자기적립마일리지등 외의 마일리지등으로 결제받은 부분에 대하여 재화 또는 용역을 공급받는 자 외의 자로부터 보전(補塡)받았거나 보전받을 금액을 합한 금액을 과세표준으로 한다.

> **관련조문** 마일리지 관련 과세표준 규정
> ① 재화 또는 용역의 구입실적에 따라 마일리지 등으로 대금의 전부 또는 일부를 결제받은 경우 마일리지등 외의 수단으로 결제받은 금액과 자기적립마일리지 외의 마일리지등으로 결제받은 부분에 대하여 재화 또는 용역을 공급받는 자 외의 자로부터 보전(補塡)받았거나 보전받을 금액을 합한 금액을 공급가액으로 한다.
> ② 자기적립마일리지등 외의 마일리지등으로 대금의 전부 또는 일부를 결제받은 경우로서 공급받는 자 외의 자로부터 보전받지 않고 자기생산·취득재화를 공급한 경우에는 공급한 재화 또는 용역의 시가를 공급가액으로 한다.
> ③ 자기적립마일리지등 외의 마일리지등으로 대금의 전부 또는 일부를 결제받은 경우로서 특수관계인으로부터 부당하게 낮은 금액을 보전받거나 아무런 금액을 받지 아니하여 조세의 부담을 부당하게 감소시킬 것으로 인정되는 경우에는 공급한 재화 또는 용역의 시가를 공급가액으로 한다.
> ④ 자기적립 마일리지 등으로만 전부를 결제받고 공급하는 재화는 사업상 증여로 보지 않으므로 부가가치세가 과세되지 않는다.

04
정답 ②

해설

납세자는 납부고지를 받은 국세 중 부가가치세 예정고지세액을 금융회사등에 개설된 예금계좌로부터 자동이체하는 방법으로 납부할 수 있다. 다만, 지정납부기한이 지난 경우에는 자동이체하는 방법으로 납부할 수 없다.

05
정답 ④

해설

(1) 매출세액 :

$310,000,000원 \times \dfrac{100,000,000}{100,000,000 \times 1.1 + 200,000,000} \times 10\% = 10,000,000원$

(2) 매입세액 : 대손 변제 매입세액 : 200,000원
(* 건축물 취득 및 철거 관련 매입세액은 토지의 자본적 지출 관련 매입세액이므로 공제하지 아니한다.)

(3) 납부세액 = 10,000,000원 - 200,000원 = 9,800,000원

06

정답 ③

해설

행정기관의 장은 해당 납세의무자 또는 그 대리인이 요구하면 과세표준의 조사와 결정에 대한 결정서를 열람 또는 복사하게 하거나 그 등본 또는 초본이 원본과 일치함을 확인하여야 하며, 이러한 요구는 구술로 한다. 다만, 해당 행정기관의 장이 필요하다고 인정할 때에는 열람하거나 복사한 사람의 서명을 요구할 수 있다.

관련조문

국세기본법 제16조(근거과세)
① 납세의무자가 세법에 따라 장부를 갖추어 기록하고 있는 경우에는 해당 국세 과세표준의 조사와 결정은 그 장부와 이와 관계되는 증거자료에 의하여야 한다.
② 제1항에 따라 국세를 조사·결정할 때 장부의 기록 내용이 사실과 다르거나 장부의 기록에 누락된 것이 있을 때에는 그 부분에 대해서만 정부가 조사한 사실에 따라 결정할 수 있다.
③ 정부는 제2항에 따라 장부의 기록 내용과 다른 사실 또는 장부의 기록에 누락된 것을 조사하여 결정하였을 때에는 정부가 조사한 사실과 결정의 근거를 결정서에 적어야 한다.
④ 행정기관의 장은 해당 납세의무자 또는 그 대리인이 요구하면 제3항의 결정서를 열람 또는 복사하게 하거나 그 등본 또는 초본이 원본과 일치함을 확인하여야 한다.
⑤ 제4항의 요구는 구술(口述)로 한다. 다만, 해당 행정기관의 장이 필요하다고 인정할 때에는 열람하거나 복사한 사람의 서명을 요구할 수 있다.

국세기본법 제17조(조세감면의 사후관리)
① 정부는 국세를 감면한 경우에 그 감면의 취지를 성취하거나 국가정책을 수행하기 위하여 필요하다고 인정하면 세법에서 정하는 바에 따라 감면한 세액에 상당하는 자금 또는 자산의 운용 범위를 정할 수 있다.
② 제1항에 따른 운용 범위를 벗어난 자금 또는 자산에 상당하는 감면세액은 세법에서 정하는 바에 따라 감면을 취소하고 징수할 수 있다.

07

정답 ④

해설

납세의무 승계를 피하면서 재산을 상속받기 위하여 피상속인이 상속인을 수익자로 하는 보험계약을 체결하고 상속인은 「민법」 제1019조제1항에 따라 상속을 포기한 것으로 인정되는 경우로서 상속포기자가 피상속인의 사망으로 인하여 보험금(「상속세및증여세법」 제8조에 따른 보험금을 말한다)을 받는 때에는 상속포기자를 상속인으로 보고, 보험금을 상속받은 재산으로 보아 납세의무 승계 규정을 적용한다.

08

정답 ①

해설

② 주사업장총괄납부 및 사업자단위과세사업자로 적용받기 위해서는 적용받고자 하는 과세기간 개시 20일 전에 신청서를 제출하면 되고, 관할 세무서장의 승인은 필요하지 않다.
③ 사업장 단위로 등록한 사업자가 사업자 단위 과세 사업자로 변경하려면 사업자 단위 과세 사업자로 적용받으려는 과세기간 개시 20일 전까지 사업자의 본점 또는 주사무소 관할 세무서장에게 변경등록을 신청하여야 한다. 사업자 단위 과세 사업자가 사업장 단위로 등록을 하려는 경우에도 또한 같다.
④ 주사업장 총괄 납부시 법인의 경우에 지점(분사무소를 포함)을 주된 사업장으로 할 수 있다. 그러나 사업자 단위 과세를 적용받는 경우에는 부가가치세 신고·납부 업무를 수행하는 사업자 단위 적용사업장을 본점(주사무소 포함)으로 하여 등록을 하여야 한다. 지점은 사업자 단위 과세사업의 주된 사업장이 될 수 없다.

09

정답 ②

해설

위탁판매의 경우에 수탁자가 재화를 인도하는 때에는 수탁자가 위탁자 명의로 세금계산서를 발급한다. 다만, 위탁자를 알 수 없는 경우로서 대통령령으로 정하는 경우에는 수탁자 또는 대리인에게 재화를 공급하거나 수탁자 또는 대리인으로부터 재화를 공급받은 것으로 본다.

10

정답 ③

해설

이의신청인, 심사청구인, 심판청구인, 과세전적부심사청구인은 재결청에 다음의 요건을 모두 갖춘 경우에만 대통령령으로 정하는 바에 따라 변호사, 세무사 또는 세무사법에 따라 등록한 공인회계사를 국선대리인으로 선정하여 줄 것을 신청할 수 있다.(심판청구인 및 과세전적부심사청구인도 국선대리인 신청 가능함) 2023년 세법 개정으로 청구금액 5천만 원 이하인 경우에는 국선대리인 신청이 가능하게 되었으므로 소득세 4천만 원에 대한 불복 청구 시에는 국선대리인 신청이 가능하다.

① 이의신청인등의 「소득세법」에 따른 종합소득금액이 5천만 원 이하이고 소유 재산의 가액이 5억 원 이하일 것
② 이의신청인 등이 법인이 아닐 것
③ 5천만 원 이하인 신청 또는 청구일 것(2023년 개정)
④ 상속세, 증여세 및 종합부동산세가 아닌 세목에 대한 신청 또는 청구일 것

11
정답 ②

해설
공익을 목적으로 출연된 기본재산이 있는 재단으로서 등기되지 아니한 단체에 있어서는 그 기본재산의 출연을 받은 날을 사업연도 개시일로 한다.

12
정답 ③

해설
납세자는 국세에 관한 사항을 처리하게 하기 위하여 변호사, 세무사 또는 「세무사법」에 따른 세무사등록부 또는 공인회계사 세무대리업무등록부에 등록한 공인회계사를 납세관리인으로 둘 수 있다.

13
정답 ③

해설
ⓒ 업무에 직접 사용하는 부동산에 대한 종합부동산세는 손금 항목이므로 이를 환급받은 경우에는 이를 익금 항목으로 한다. 따라서 전기에 과오납부한 업무에 직접 사용하는 부동산에 대한 종합부동산세를 당기에 환급받아 수익계상한 경우 세무조정이 필요 없다. 단, 국세환급가산금은 익금불산입 항목이므로 이를 수익으로 계상한 경우에는 익금불산입의 세무조정을 해야 한다.
ⓔ 특수관계인으로부터 유가증권을 저가로 매입한 경우에는 시가와 매입가액의 차이를 익금산입하고 유보로 소득처분한다. 그러나 특수관계인이 아닌 자로부터 저가매입을 한 경우에는 세무조정을 하지 않는다.

14
정답 ④

해설
법인이 사채를 발행하는 경우에 상환할 사채금액의 합계액에서 사채발행가액(사채발행수수료와 사채발행을 위하여 직접 필수적으로 지출된 비용을 차감한 후의 가액을 말한다)의 합계액을 공제한 금액(사채할인발행차금)은 기업회계기준에 의한 사채할인발행차금의 상각 방법에 따라 이를 손금에 산입한다. 기업회계에서 발행일에 전액 손금에 산입하는 것이 아니므로 해당 지문은 잘못된 지문이다.

15
정답 ③

해설
각 연결사업연도의 소득에 대한 과세표준은 각 연결사업연도 소득의 범위에서 이월결손금, 비과세소득, 소득공제 금액을 차례로 공제한 금액으로 한다. 다만, 이월결손금 공제는 연결소득 개별귀속액의 100분의 80(중소기업과 회생계획을 이행 중인 기업 등 대통령령으로 정하는 연결법인의 경우는 100분의 100)을 한도로 한다.

16
정답 ②

해설
실지명의가 확인되지 아니하는 소득에 대해서는 100분의 45의 원천징수세율을 적용한다. 다만, 「금융실명거래 및 비밀보장에 관한 법률」 제5조가 적용되는 경우에는 같은 조에서 정한 세율로 한다.

17
정답 ①

해설
종업원등 또는 대학의 교직원이 지급받는 직무발명보상금은 근로소득으로 과세하되, 종업원등 또는 대학의 교직원이 퇴직한 후에 지급받는 직무발명보상금은 기타소득으로 과세한다.

18
정답 ①

해설
전세권의 대여 및 공익사업과 관련되지 않은 지상권 및 지역권의 설정 및 대여로 인한 금품, 부동산임차권을 대여하고 받는 금품은 사업소득에 포함된다. 따라서, 공익사업과 관련된 지상권 및 지역권의 설정 및 대여로 인한 금품을 기타소득으로 과세하고, 공익사업과 관련되지 않은 지상권, 지역권의 설정 및 대여는 사업소득(부동산임대업)으로 과세된다.

19

정답 ①

해설

과세 대상 근로소득은 ⓒ, ⓒ 이다.

> ⓐ 공무원이 국가 또는 지방자치단체로부터 공무 수행과 관련하여 받는 상금과 부상 중 연 240만원 이내의 금액 : 비과세 근로소득
> ⓑ 판공비를 포함한 기밀비·교제비 기타 이와 유사한 명목으로 받는 것으로서 업무를 위하여 사용된 것이 분명하지 아니한 급여 : 과세 대상 근로소득
> ⓒ 계약기간 만료 전 또는 만기에 종업원에게 귀속되는 단체환급부보장성보험의 환급금 : 과세 대상 근로소득
> ⓓ 임직원의 고의(중과실 포함) 외의 업무상 행위로 인한 손해의 배상청구를 보험금의 지급 사유로 하고 임직원을 피보험자로 하는 보험의 보험료를 사용자가 부담하는 경우 : 비과세 근로소득
> ⓔ 퇴직 전에 부여받은 주식매수선택권을 퇴직 후에 행사하거나 고용관계 없이 주식매수선택권을 부여받아 이를 행사함으로써 얻는 이익 : 기타소득
> ⓕ 식사 기타 음식물을 사내급식 또는 이와 유사한 방법으로 제공받지 아니하는 근로자가 받는 월 20만 원 이하의 식사 : 비과세 근로소득
> ⓖ 근로자 또는 그 배우자의 출산이나 6세 이하(해당 과세기간 개시일을 기준으로 판단한다) 자녀의 보육과 관련하여 사용자로부터 받는 급여로서 매월 20만 원 이내의 금액 : 비과세 근로소득 (2024년 세법개정으로 비과세 한도고 10만원에서 20만원으로 상향조정되)
> ⓗ 중소기업의 종업원이 주택(주택에 부수된 토지를 포함)의 구입·임차에 소요되는 자금을 저리 또는 무상으로 대여 받음으로써 얻는 이익 : 비과세 근로소득

20

정답 ③

해설

간이과세자가 납부한 부가가치세액은 필요경비 산입한다.

> **「소득세법」 제33조(필요경비 불산입)**
> ① 거주자가 해당 과세기간에 지급하였거나 지급할 금액 중 다음 각 호에 해당하는 것은 사업소득금액을 계산할 때 필요경비에 산입하지 아니한다.
> 1. 소득세(외국납부세액공제를 적용하는 경우의 외국소득세액을 포함)와 개인지방소득세
> 2. 벌금·과료(통고처분에 따른 벌금 또는 과료에 해당하는 금액을 포함)와 과태료
> 3. 「국세징수법」이나 그 밖에 조세에 관한 법률에 따른 가산금과 강제징수비
> 4. 조세에 관한 법률에 따른 징수의무의 불이행으로 인하여 납부하였거나 납부할 세액(가산세액을 포함)
> 5. 대통령령으로 정하는 가사(家事)의 경비와 이에 관련되는 경비
> 6. 각 과세기간에 계상한 감가상각자산의 감가상각비로서 대통령령으로 정하는 바에 따라 계산한 금액을 초과하는 금액
> 7. 제39조제3항 단서 및 같은 조 제4항 각 호에 따른 자산을 제외한 자산의 평가차손
> 8. 반출하였으나 판매하지 아니한 제품에 대한 개별소비세 또는 주세의 미납액. 다만, 제품가액에 그 세액 상당액을 더한 경우는 제외한다.
> 9. 부가가치세의 매입세액. 다만, 부가가치세가 면제되거나 그 밖에 대통령령으로 정하는 경우의 세액과 부가가치세 간이과세자가 납부한 부가가치세액은 제외한다.
> 10. 차입금 중 대통령령으로 정하는 건설자금에 충당한 금액의 이자
> 11. 대통령령으로 정하는 채권자가불분명한 차입금의 이자
> 12. 법령에 따라 의무적으로 납부하는 것이 아닌 공과금이나 법령에 따른 의무의 불이행 또는 금지·제한 등의 위반에 대한 제재로서 부과되는 공과금
> 13. 각 과세기간에 지출한 경비 중 대통령령으로 정하는 바에 따라 직접 그 업무와 관련이 없다고 인정되는 금액
> 14. 선급비용(先給費用)
> 15. 업무와 관련하여 고의 또는 중대한 과실로 타인의 권리를 침해한 경우에 지급되는 손해배상금

회계학 전공강화 동형 모의고사 5회

01
정답 ④

해설

자본금 = 발행주식의 액면총액
기초자본금 3,000,000 + 무상증자 및 주식배당 6,000주에 대한 액면가액 3,000,000 = 6,000,000

02
정답 ②

해설

■「지방자치단체회계기준에 관한 규칙」제28조
(수익과 비용의 인식기준)
수익은 다음과 같이 인식한다.
1. 교환거래로 생긴 수익은 재화나 서비스 제공의 반대급부로 생긴 사용료, 수수료 등으로서 수익창출활동이 끝나고 <u>그 금액을 합리적으로 측정할 수 있을 때</u>에 인식한다.
2. 비교환거래로 생긴 수익은 직접적인 반대급부 없이 생기는 지방세, 보조금, 기부금 등으로서 해당수익에 대한 청구권이 발생하고 <u>그 금액을 합리적으로 측정할 수 있을 때</u>에 인식한다.

03
정답 ①

해설

(1) 기존의 손익분기판매수량
  ₩1,200,000/(₩5,000-₩3,000) = 600개
(2) 새로운 샌드위치의 판매가격을 P라고 하자.
  600P-600×3,600-1,200,000-540,000 = 0
  따라서, P = ₩6,500

04
정답 ①

해설

[기계장치]

기초	11,000,000	처분	1,500,000
취득	3,000,000	기말	12,500,000

[감가상각누계액]

처분	700,000	기초	4,000,000
기말	4,500,000	감가상각비	1,200,000

05
정답 ①

해설

20×1년 말 재평가잉여금 80,000
20×2년 감가상각비 220,000
20×2년말 상각후원가 660,000
20×2년 재평가손실 20,000, 재평가잉여금 감소액 80,000

06
정답 ③

해설

20×1년말 상각후원가 2,800
20×1년 손상차손 1,200
20×2년도 감가상각비는 ₩400이다.
최초원가에 근거한 20×2년말 상각후원가 2,100
20×2년 손상차손환입 900

07
정답 ④

해설

국가회계기준과 지방자치단체회계기준 모두 자산과 부채는 유동성이 높은 항목부터 배열하는 것을 원칙으로 한다.

■ 제8조(재정상태표 작성기준)
① 자산과 부채는 유동성이 높은 항목부터 배열한다. 이 경우 유동성이란 현금으로 전환되기 쉬운 정도를 말한다.
② 자산, 부채 및 순자산은 총액으로 표시한다. 이 경우 자산 항목과 부채 또는 순자산 항목을 상계함으로써 그 전부 또는 일부를 재정상태표에서 제외해서는 아니 된다.

■ 제13조(재정상태표의 작성기준)
① 자산과 부채는 유동성이 높은 항목부터 배열하는 것을 원칙으로 한다.
② 자산과 부채는 총액에 따라 적는 것을 원칙으로 하고, 자산의 항목과 부채 또는 순자산의 항목을 상계함으로써 그 전부 또는 일부를 재정상태표에서 제외하여서는 아니된다.
③ 가지급금이나 가수금 등의 미결산항목은 그 내용을 나타내는 적절한 과목으로 표시하고, 비망계정(어떤 경제활동의 발생을 기억하기 위해 기록하는 계정을 말한다)은 재정상태표의 자산 또는 부채항목으로 표시하지 않는다.

08
정답 ③

해설

토지 구입가격	₩1,000,000
• 토지 취득세	₩100,000
• 토지 취득관련 중개수수료	₩10,000
• 기존건물 철거비용	₩100,000
• 토지의 구획정리비용	₩400,000
토지원가	₩1,610,000

09
정답 ③

해설

(차) 법인세비용 2,000 (대) 미지급법인세 1,800
　　　자기주식처분이익 200　　　이연법인세부채 400

*미지급법인세 : 9,000 × 20% = 1,800
**이연법인세부채 : 2,000 × 20% = 400

10
정답 ④

해설

(1) 가중평균유통보통주식수 : 1,900주 + 400주 × 3/12 = 2,000주
(2) 기본주당순이익 : 2,400,000 ÷ 2,000주 = 1,200

11
정답 ②

해설

(1) 2024년 말 상각후원가 : 950,000 × 1.1 – 80,000 = 965,000
(2) FVOCI금융자산평가손익 : 985,000 – 965,000 = 평가이익 20,000

12
정답 ②

해설

자가생산시 관련원가 90,000
변동비 : 1,000개 × 60 = 60,000
회피가능고정비 : 1,000개 × 40 × 25% = 10,000
임대수익(기회비용) : 20,000
외부구입원가 : 1,000개 × 95 = 95,000
외부구입시 손실 5,000 이 발생한다.

13
정답 ④

해설

20×3년 1월 1일 사채 장부가액
110,000 × 0.9259 = 101,849
사채상환이익
101,849 – 100,000 = 1,849

14
정답 ③

해설

기말재고자산은 자동조정오류이므로 오류발생 다음 연도에는 반대로 조정된다.
11,000 – 3,000 + 2,000 = 10,000

15
정답 ③

해설

구입가격차이 = 1,300 × (20 – 23) = 3,900 유리
수량차이 = (1,200 – 1,000) × 23 = 4,600 불리

16
정답 ③

해설

당기순이익 = 0
총포괄손익 = 자산의 변화 = 1,650,000 – 1,700,000 = (50,000)
당기순이익이 0이므로 기타포괄손익과 총포괄손익이 같다.

17
정답 ④

해설

올해 영업개시이므로 기말재고가 기초보다 크므로 전부원가영업이익이 더 크다.
기말재고에 포함된 고정제조간접비만큼 차이가 발생하므로 기말재고 수량 220개
단위당 고정제조간접비 1,000원 (1,000,000/1,000개)
따라서 이익차이는 220,000이 된다.

18

정답 ①

해설

사용권자산 = 1,000,000 × 3.64 = 3,640,000
감가상각비 = 3,640,000 / 5 = 728,000

19

정답 ①

해설

품질검사시점을 통과한 합격품수량 = 3,500
따라서 정상공손수량은 350이며, 재료비환산량은 350개, 가공비환산량은 175개다.
정상공손원가 17,500 = 350 × 40 + 175 × 20이 된다.

20

정답 ③

해설

미지급임금의 기초대비 기말이 100 증가했으므로 직접노무원가 발생액은 550이 된다.
제조간접비는 100 + 50(CEO 급여는 생산현장에 1/3) = 150이므로 전환원가는 700이 된다.
직접재료원가 전환원가 700의 50%이므로 직접재료원가는 350이 된다. 재공품 및 제품의 기초와 기말이 같으므로 당기총제조원가가 매출원가가 된다. 따라서 매출원가가 1,050이므로 매출총이익은 2,200 - 1,050 = 1,150이 된다.

세법 전공강화 동형 모의고사 5회

01

정답 ①

해설

상속세 납부세액이 2천만 원을 초과하는 경우로서 상속재산 중 부동산과 유가증권(국내에 소재하는 부동산 등 대통령령으로 정하는 물납에 충당할 수 있는 재산으로 한정)의 가액이 해당 상속재산가액의 2분의 1을 초과하는 경우에는 납세지 관할 세무서장은 납세의무자의 신청을 받아 물납을 허가할 수 있다.

02

정답 ②

해설

관할 세무서장은 다음 중 어느 하나에 해당하는 경우 압류를 즉시 해제하여야 한다.

〈압류를 해제하여야 하는 경우〉
㉮ 압류와 관계되는 체납액의 전부가 납부 또는 충당된 경우
 (※ 충당이란 국세환급금, 그 밖에 관할 세무서장이 세법상 납세자에게 지급할 의무가 있는 금전을 체납액과 대등액에서 소멸시키는 것을 말함)
㉯ 국세 부과의 전부를 취소한 경우
㉰ 여러 재산을 한꺼번에 공매(公賣)하는 경우로서 일부 재산의 공매대금으로 체납액 전부를 징수한 경우
㉱ 총 재산의 추산가액이 강제징수비(압류에 관계되는 국세에 우선하는 「국세기본법」제35조제1항제3호에 따른 채권 금액이 있는 경우 이를 포함)를 징수하면 남을 여지가 없어 강제징수를 종료할 필요가 있는 경우. 다만, 교부청구 또는 참가압류가 있는 경우로서 교부청구 또는 참가압류와 관계된 체납액을 기준으로 할 경우 남을 여지가 있는 경우는 제외한다.

단, ㉱의 사유로 압류를 해제하려는 경우 국세체납정리위원회의 심의를 거쳐야 한다.

㉲ 그 밖에 위에 준하는 사유로 압류할 필요가 없게 된 경우

참고 압류해제를 할 수 있는 사유

관할 세무서장은 다음 중 어느 하나에 해당하는 경우 압류재산의 전부 또는 일부에 대하여 압류를 해제할 수 있다.

ⓐ 압류 후 재산가격이 변동하여 체납액 전액을 현저히 초과한 경우
ⓑ 압류와 관계되는 체납액의 일부가 납부 또는 충당된 경우
ⓒ 국세 부과의 일부를 취소한 경우
ⓓ 체납자가 압류할 수 있는 다른 재산을 제공하여 그 재산을 압류한 경우

03

정답 ④

해설

원료를 대가 없이 국외의 수탁가공 사업자에게 반출하여 가공한 재화를 양도하는 경우에 그 원료의 반출은 영세율 적용 대상이 되는 재화의 공급이다.

원료를 대가 없이 국외의 수탁가공 사업자에게 반출하여 가공한 재화를 양도하는 경우에 그 원료의 반출은 재화의 공급으로 본다.

〈위탁가공을 위한 원자재의 반출시 재화의 공급 여부〉
㉠ 사업자가 위탁가공을 위하여 원자재를 국외의 수탁가공 사업자에게 대가 없이 반출하는 것(영세율이 적용되는 것은 제외)은 재화의 공급으로 보지 아니한다.
㉡ 원료를 대가 없이 국외의 수탁가공 사업자에게 반출하여 가공한 재화를 양도하는 경우에 그 원료의 반출은 영세율 적용 대상이 되는 재화의 공급이다.

참고 여행업자수탁경비의 공급가액

여행업자의 부가가치세 공급가액은 관광객으로부터 받는 알선수수료와 알선용역에 필수적으로
부수하여 발생되는 대가관계에 있는 모든 금전적 가치 있는 것을 포함하고 관광객으로부터 단순히
수탁받아 지급하는 숙박비, 운송비 등은 포함하지 아니한다. 다만, 관광객에게 여행의 목적지와
기간만을 제시하고 관광객이 부담하여야 할 비용의 종류별 금액과 알선수수료를 구분하지 아니하고
받는 대가는 그 대가 전액이 공급가액이 된다.

04

정답 ②

해설

① 과세표준신고서 등을 국세정보통신망을 이용하여 제출하는 경우에는 해당 신고서 등이 국세청장에게 전송된 때에 신고되거나 청구된 것으로 본다.
③ 우편으로 과세표준신고서, 과세표준수정신고서, 경정청구서 또는 과세표준신고·과세표준수정신고·경정청구와 관련된 서류를 제출한 경우 「우편법」에 따른 우편날짜도장이 찍힌 날에 신고되거나 청구된 것으로 본다.
④ 심사청구 기한까지 우편으로 제출한 심사청구서가 청구기간을 지나서 도달한 경우에는 그 기간의 만료일에 적법한 청구를 한 것으로 본다.

05

정답 ②

해설

종합부동산세(납세의무자가 「종합부동산세법」 제16조제3항에 따라 과세표준과 세액을 정부에 신고하는 경우에 한정한다)는 납세의무자가 과세표준과 세액을 정부에 신고했을 때에 확정된다. 다만, 납세의무자가 과세표준과 세액의 신고를 하지 아니하거나 신고한 과세표준과 세액이 세법에서 정하는 바와 맞지 아니한 경우에는 정부가 과세표준과 세액을 결정하거나 경정하는 때에 그 결정 또는 경정에 따라 확정된다.

> **참고** 성립과 동시에 자동 확정되는 경우
> 다음의 국세는 납세의무가 성립하는 때 특별한 절차 없이 확정된다.
> ① 인지세
> ② 원천징수하는 소득세·법인세
> ③ 납세조합이 징수하는 소득세
> ④ 중간예납하는 법인세(세법에 따라 정부가 조사 결정하는 경우는 제외)
> ⑤ 납부지연가산세 및 원천징수등 납부지연가산세 중 납부고지서에 따른 납부기한 후의 가산세

06

정답 ③

해설

③은 수정신고 사유이고, 후발적 경정청구 사유가 아니다.
후발적 사유로 인한 경정청구 사유는 다음과 같다.

> ㉠ 최초의 신고·결정 또는 경정에서 과세표준 및 세액의 계산 근거가 된 거래 또는 행위 등이 그에 관한 심사청구, 심판청구, 「감사원법」에 따른 심사청구에 대한 결정이나 소송에 대한 판결(판결과 같은 효력을 가지는 화해나 그 밖의 행위를 포함)에 의하여 다른 것으로 확정되었을 때
> ㉡ 소득이나 그 밖의 과세물건의 귀속을 제3자에게로 변경시키는 결정 또는 경정이 있을 때
> ㉢ 조세조약에 따른 상호합의가 최초의 신고·결정 또는 경정의 내용과 다르게 이루어졌을 때
> ㉣ 결정 또는 경정으로 인하여 그 결정 또는 경정의 대상이 된 과세표준 및 세액과 연동된 다른 세목(같은 과세기간으로 한정)이나 연동된 다른 과세기간(같은 세목으로 한정)의 과세표준 또는 세액이 세법에 따라 신고하여야 할 과세표준 또는 세액을 초과할 때
> ㉤ 해당 국세의 법정신고기한이 지난 후 최초의 신고·결정 또는 경정을 할 때 과세표준 및 세액의 계산 근거가 된 거래 또는 행위 등의 효력과 관계되는 관청의 허가나 그 밖의 처분이 취소된 경우
> ㉥ 해당 국세의 법정신고기한이 지난 후 최초의 신고·결정 또는 경정을 할 때 과세표준 및 세액의 계산 근거가 된 거래 또는 행위 등의 효력과 관계되는 계약이 해제권의 행사에 의하여 해제되거나 해당 계약의 성립 후 발생한 부득이한 사유로 해제되거나 취소된 경우
> ㉦ 해당 국세의 법정신고기한이 지난 후 최초의 신고·결정 또는 경정을 할 때 장부 및 증거서류의 압수, 그 밖의 부득이한 사유로 과세표준 및 세액을 계산할 수 없었으나 그 후 해당 사유가 소멸한 경우

07

정답 ①

해설

심판청구를 제기한 후 심사청구를 제기(같은 날 제기한 경우도 포함)한 경우에는 심사청구를 각하하는 결정을 한다.

08

정답 ①

해설

※ 과세전적부심사 청구 대상 : ㉠, ㉣

납부고지하려는 세액이 1백만 원 이상인 과세예고 통지에 대해 과세전적부심사청구가 가능하다. ㉠ 과세전적부심사 청구금액이 10억 원 이상인 것은 국세청장에게도 과세전적부심사 청구를 할 수 있는 사유에 해당되고, ㉣ 세무조사 결과에 대한 서면통지를 받은 경우도 과세전적부심사 청구 가능하다.

> 〈과세전적부심사청구를 할 수 없는 경우〉
> ① 「국세징수법」상 납부기한 전 징수의 사유가 있거나 세법에서 규정하는 수시부과의 사유가 있는 경우
> ② 조세범처벌법 위반으로 고발 또는 통고처분하는 경우
> ③ 세무조사 결과 통지 및 과세예고 통지를 하는 날부터 국세부과 제척기간의 만료일까지의 기간이 3개월 이하인 경우
> ④ 「국제조세조정에 관한 법률」에 따라 조세조약을 체결한 상대국이 상호합의 절차의 개시를 요청한 경우
> ⑤ 불복 및 과세전적부심사청구의 재조사 결정에 따라 조사를 하는 경우

09

정답 ③

해설

위탁자가 신탁재산을 실질적으로 통제하는 등 대통령령으로 정하는 요건을 충족하는 신탁의 경우에는 신탁재산에 귀속되는 소득에 대하여 그 신탁의 위탁자가 법인세를 납부할 의무가 있다.

10

정답 ①

해설

② 각 사업연도의 개시일 전 15년 이내에 발생한 이월결손금에 한해서 각 사업연도의 소득에서 공제할 수 있다.
③ 해당 사업연도의 과세표준을 계산할 때 공제되지 아니한 비과세소득 및 소득공제액 및 「조세특례제한법」 제132조에 따른 최저한세의 적용으로 인하여 공제되지 아니한 소득공제액은 해당 사업연도의 다음 사업연도 이후로 이월하여 공제할 수 없다.
④ 내국법인의 각 사업연도의 소득에 대한 법인세의 과세표준은 각 사업연도의 소득의 범위에서 이월결손금, 비과세소득, 소득공제액을 차례로 공제한 금액으로 한다. 다만, 이월결손금공제는 각 사업연도 소득의 100분의 80(중소기업과 회생계획을 이행 중인 기업 등 대통령령으로 정하는 법인의 경우는 100분의 100)을 한도로 한다.

11

정답 ②

해설

사업연도 의제 규정에 대한 설명이다. 내국법인이 사업연도 중에 합병에 따라 해산한 경우에는 그 사업연도 개시일부터 합병등기일까지의 기간을 해산한 법인의 1사업연도로 본다.

12

정답 ①

해설

손금불산입 대상이 되는 "건설자금에 충당한 차입금의 이자"란 그 명목 여하에 불구하고 사업용 유형자산 및 무형자산의 매입·제작 또는 건설에 소요되는 특정차입금(자산의 건설등에 소요되었는지의 여부가 분명하지 아니한 차입금은 제외)에 대한 지급이자 또는 이와 유사한 성질의 지출금을 말한다. 따라서 투자자산 및 재고자산은 건설자금이자 손금불산입 대상이 아니다.

> **참고**
> 건설자금이자를 손금불산입한다. = "자산 처리"를 의미
> 건설자금이자를 손금산입한다. = "비용 처리"를 의미

13

정답 ③

해설

'종합소득을 구성한다'는 것은 과세 대상 소득으로서 종합소득 합산과세 대상임을 의미한다.

㉠ 무조건 종합과세
㉡ 양도소득은 분류과세
㉢ 분리과세(원천징수로 과세 종결)
㉣ 퇴직소득이므로 분류과세
㉤ 종합과세
㉥ 종합과세
㉦ 퇴직소득이므로 분류과세
㉧ 비과세소득이므로 종합소득을 구성하지 않음

14

정답 ②

해설

「국세기본법」에 따른 법인 아닌 단체 중 법인으로 보는 단체 외의 법인 아닌 단체는 국내에 주사무소 또는 사업의 실질적 관리장소를 둔 경우에는 거주자로 보고 그 외의 경우에는 비거주자로 보아 「소득세법」을 적용한다.

15

정답 ③

해설

성실신고확인대상 사업자가 그 과세기간의 다음 연도 6월 30일까지 성실신고확인서를 제출하지 아니한 경우 성실신고확인서 미제출 가산세 적용 대상이 된다.

> 성실신고확인서 제출불성실가산세
> = MAX[산출세액의 5%, 총수입금액의 1만분의 2]

16

정답 ③

해설

① 양도소득세 확정신고에 따라 납부할 양도소득세액이 2천만 원을 초과하는 거주자는 납부할 세액의 100분의 50 이하의 금액을 납부기한이 지난 후 2개월 이내에 분할납부할 수 있다.(초과세액의 50%가 아니라 납부할 세액의 50%이므로 틀린 지문임)
② 양도란 재산에 대한 등기 또는 등록과 관계없이 매도·교환·법인에 대한 현물출자 등으로 인하여 그 자산이 유상으로 사실상 이전되는 것을 말한다. 무상 이전은 증여에 해당한다.
④ 국외자산에 대한 양도소득세는 거주자(국내에 해당 자산의 양도일까지 계속 5년 이상 주소 또는 거소를 둔 자에 한한다)에 한하여 납세의무를 진다. 따라서 국내에 해당 자산의 양도일까지 5년 미만으로 주소 또는 거소를 둔 거주자는 국외자산 양도에 대한 양도소득세 납세의무를 지지 않는다.

> **참고** 분할납부(=분납)
> 거주자로서 납부할 세액(중간예납, 예정신고, 확정신고 포함)이 각각 1천만원을 초과하는 자는 그 납부할 세액의 일부를 납부기한이 지난 후 2개월 이내에 분할납부할 수 있다.
> 분납가능한 금액의 범위는 다음과 같다.
> ㉠ 납부할 세액이 2천만 원 이하인 때에는 1천만 원을 초과하는 금액
> ㉡ 납부할 세액이 2천만 원을 초과하는 때에는 그 세액의 100분의 50 이하의 금액

17

정답 ③

해설

① 2021년 7월 1일 이후 간이과세자는 업종에 관계없이 의제매입세액공제를 받을 수 없다.
② 간이과세자는 1월부터 6월까지의 기간에 대한 예정고지(예정부과기간에 대한 고지)를 받아 납부하며, 확정신고 때에 이를 기납부세액으로 공제받는다. 단, 예정부과기간에 세금계산서를 발급한 간이과세자는 예정부과기간의 과세표준과 납부세액을 예정부과기한까지 사업장 관할 세무서장에게 신고하여야 한다.
④ 간이과세자가 일반과세자에 관한 규정을 적용받기 위하여 간이과세포기신고를 한 경우에는 그 적용받으려는 달의 1일부터 3년이 되는 날이 속하는 과세기간까지는 일반과세자에 관한 규정을 적용받아야 한다.

18

정답 ③

해설

① 대손세액공제는 예정신고시에는 적용하지 않고, 확정신고시에만 적용된다.
② 대손세액은 대손금액의 110분의 10으로 한다.
④ 회수기일이 6개월 이상 지난 채권 중 채권가액이 30만 원 이하(채무자별 채권가액의 합계액을 기준)인 채권은 「법인세법」상 대손금으로 인정되는 것이므로 「부가가치세법」상 대손세액 공제를 받을 수 있다. ④의 경우 50만 원이라 하였으므로 대손세액 공제를 받을 수 없다.

19

정답 ④

해설

수입 재화에 대한 납부유예를 신청하는 경우 사업자가 직전 사업연도에 「조세특례제한법 시행령」에 따른 중견기업인 경우에는 직전 사업연도에 공급한 재화 또는 용역의 공급가액의 합계액에서 수출액이 차지하는 비율이 30퍼센트 이상이어야 납부유예 신청이 가능하다.

> **관련조문** 「부가가치세법」 시행령 제91조의2 (재화의 수입에 대한 부가가치세 납부 유예)
> ① 법 제50조의2제1항에서 "매출액에서 수출액이 차지하는 비율 등 대통령령으로 정하는 요건을 충족하는 중소·중견사업자"란 다음 각 호의 요건을 모두 충족하는 중소·중견사업자를 말한다.
> 1. 직전 사업연도에 「조세특례제한법 시행령」 제2조에 따른 중소기업 또는 같은 영 제10조제1항에 따른 중견기업에 해당하는 법인(「조세특례제한법」 제6조제3항제2호에 따른 제조업을 주된 사업으로 경영하는 기업에 한정한다)일 것
> 2. 직전 사업연도에 법 제21조에 따라 영세율을 적용받은 재화의 공급가액의 합계액(이하 이 호에서 "수출액"이라 한다)이 다음 각 목에 해당할 것
>   가. 직전 사업연도에 「조세특례제한법 시행령」 제2조에 따른 중소기업인 경우: 직전 사업연도에 공급한 재화 또는 용역의 공급가액의 합계액에서 수출액이 차지하는 비율이 30퍼센트 이상이거나 수출액이 50억 원 이상일 것
>   나. 직전 사업연도에 「조세특례제한법 시행령」 제10조제1항에 따른 중견기업인 경우: 직전 사업연도에 공급한 재화 또는 용역의 공급가액의 합계액에서 수출액이 차지하는 비율이 30퍼센트 이상일 것
> 3. 제3항에 따른 확인 요청일 현재 다음 각 목의 요건에 모두 해당할 것
>   가. 최근 3년간 계속하여 사업을 경영하였을 것
>   나. 최근 2년간 국세(관세를 포함)를 체납한 사실이 없을 것
>   다. 최근 3년간 「조세범처벌법」 또는 「관세법」 위반으로 처벌받은 사실이 없을 것
>   라. 최근 2년간 납부유예가 취소된 사실이 없을 것

20

정답 ④

해설

① 납세지 관할 세무서장은 각 과세기간별로 그 과세기간에 대한 환급세액을 확정신고한 사업자에게 그 확정신고기한이 지난 후 30일 이내에 사업자에게 환급하여야 한다.
② 조기환급 적용 사업자가 과세기간 중 매월 또는 매 2월에 조기환급기간이 끝난 날부터 25일 이내에 조기환급기간에 대한 환급세액을 관할 세무서장에게 신고하는 경우 조기환급기간에 대한 환급세액을 각 조기환급기간별로 해당 조기환급 신고기한이 지난 후 15일 이내에 사업자에게 환급하여야 한다.
③ 관할 세무서장은 결정·경정에 의하여 추가로 발생한 환급세액이 있는 경우에는 지체 없이 사업자에게 환급하여야 한다.

> **참고** 부가가치세법 제59조(환급)
> ① 납세지 관할 세무서장은 각 과세기간별로 그 과세기간에 대한 환급세액을 확정신고한 사업자에게 그 확정신고기한이 지난 후 30일 이내(제2항 각 호의 어느 하나에 해당하는 경우에는 15일 이내)에 대통령령으로 정하는 바에 따라 환급하여야 한다.
> ② 제1항에도 불구하고 납세지 관할 세무서장은 다음 각 호의 어느 하나에 해당하여 환급을 신고한 사업자에게 대통령령으로 정하는 바에 따라 환급세액을 조기에 환급할 수 있다.
> 1. 사업자가 제21조부터 제24조까지의 규정에 따른 영세율을 적용받는 경우
> 2. 사업자가 대통령령으로 정하는 사업 설비(감가상각자산)를 신설·취득·확장 또는 증축하는 경우
> 3. 사업자가 대통령령으로 정하는 재무구조개선계획을 이행 중인 경우

회계학 전공강화 동형 모의고사 6회

01

정답 ③

해설

■ 기업회계기준서 제1001호
재무제표 표시

제1115호 '고객과의 계약에서 생기는 수익'에서는 약속한 재화나 용역의 이전하고 그 대가로 받을 권리를 갖게 될 것으로 예상하는 금액으로 수익을 측정하도록 요구한다. 예를 들면 인식된 수익 금액은 기업이 제공하는 매매할인이나 수량할증을 반영한다. 기업은 통상적인 영업활동 과정에서 수익을 창출하지는 않지만 주요 수익 창출 활동에 부수적인 그 밖의 거래를 할 수 있다. 동일 거래에서 발생하는 수익과 관련비용의 상계표시가 거래나 그 밖의 사건의 실질을 반영한다면 그러한 거래의 결과는 상계하여 표시한다. 예를 들면 다음과 같다.

(1) 투자자산 및 영업용자산을 포함한 비유동자산의 처분손익은 처분대가에서 그 자산의 장부금액과 관련처분비용을 차감하여 표시한다.
(2) 기업회계기준서 제1037호 '충당부채, 우발부채, 우발자산'에 따라 인식한 충당부채와 관련된 지출을 제3자와의 계약관계(예: 공급자의 보증약정)에 따라 보전 받는 경우, 당해 지출과 보전받는 금액은 상계하여 표시할 수 있다.
① 또한 예를 들어, 외환손익 또는 단기매매 금융상품에서 발생하는 손익과 같이 유사한 거래의 집합에서 발생하는 차익과 차손은 순액으로 표시한다. 그러나 그러한 차익과 차손이 중요한 경우에는 구분하여 표시한다.
③ 한국채택국제회계기준은 오직 재무제표에만 적용하며 연차보고서, 감독기구 제출서류 또는 다른 문서에 표시되는 그 밖의 정보에 반드시 적용하여야 하는 것은 아니다. 따라서 한국채택국제회계기준을 준수하여 작성된 정보와 한국채택국제회계기준에서 요구하지 않지만 유용한 그 밖의 정보를 재무제표이용자가 구분할 수 있는 것이 중요하다.
④ 수익과 비용의 어느 항목도 당기손익과 기타포괄손익을 표시하는 보고서 또는 주석에 특별손익 항목으로 표시할 수 없다.

02

정답 ①

해설

■ 확정급여제도

기업이 실질적으로 제도와 관련된 보험수리적위험과 투자위험을 부담한다.

▶ 확정급여제도에서 당기손익으로 인식되는 금액
① 당기근무원가
② 확정급여채무의 이자비용
③ 사외적립자산의 이자수익

사외적립자산

〈기금 적립시〉
(차) 사외적립자산　×××　(대) 현　　　금　×××

〈퇴직금 지급시〉
(차) 확정급여채무　×××　(대) 사외적립자산　×××

재무상태표 표시

순확정급여부채(자산)로 인식하는 금액은 다음의 순합계액이다.
① 보고기간말 현재 확정급여채무
② 사외적립자산의 보고기간말 현재 공정가치 차감.

확정급여채무의 현재가치는 사외적립자산의 공정가치를 차감하기 전 총채무액을 말한다.

확정급여채무

지급	10,000	기초	300,000
기말	310,000	당기근무원가	20,000
	320,000		320,000

사외적립자산

기초	290,000	지급	10,000
불입	15,000	기말	295,000
	305,000		305,000

재무상태표

확정급여채무	310,000
(사외적립자산)	(295,000)
	15,000

03

정답 ①

해설
사채가 할증발행된다면 만기에 가까워질수록 매년 사채의 유효이자는 감소한다.

구 분	사채이자비용	현금이자	발행차금 상각액	사채의 장부가액
할인발행 시	증 가	일 정	증 가	증 가
할증발행 시	감 소	일 정	증 가	감 소

04

정답 ④

해설

	20×1년	20×2년
당기손익	-	
기타포괄손익	20,000	(10,000)
재평가잉여금잔액	20,000	-

• 회계처리

(취득시)   토　　지   100,000 / 현　　　금   100,000
(×1년말)   토　　지   20,000 / 재평가잉여금 20,000
　　　　　　　　　　　　　　　　(기타포괄손익)

(×2년말)   재평가잉여금 10,000 / 토　　　지   10,000
　　　　　(기타포괄손익)

05

정답 ③

해설

수정전 당기순이익	₩200,000
선수수익	(15,000)
선급비용	35,000
미지급비용	(25,000)
미수수익	45,000
수정후 당기순이익	₩240,000

06

정답 ①

상업적 실질이 있는 경우 새로운 기계장치의 취득원가는 ₩250,000으로 인식한다.

해설

• 회계처리

① 상업적 실질이 없는 경우
(신) 기　　계   150,000 / (구) 기　　계   500,000
감가상각누계액   300,000
현　　　　금   50,000

② 상업적 실질이 있는 경우
(신) 기　　계   250,000 / (구) 기　　계   500,000
감가상각누계액   300,000   처 분 이 익 100,000
현　　　　금   50,000

07

정답 ①

해설

• 세전이익
: 세전이익 − [(세전이익 − 10,000) × 0.4 + 10,000 × 0.3] = 13,000
이므로 세전이익 = 20,000

• 판매량 : (40,000 + 20,000) / (@1,000 − @700) = 200개

08

정답 ②

해설
시가 이하 유상증자이므로 9,000주를 시가유상증자주식수와 무상증자주식수로 구분해야 한다.
납입금액을 공정가치로 나누면 시가로 유상증자된 주식수는 4,500가 되고 무상증자주식수도 4,500가 된다.
따라서 33.3% 무상증자로 간주하여 기초주식수 9,000주에 대해 3,000주 10월 1일 유상증자주식수 4,500에 대해 1,500주가 무상증자된 것으로 본다.

가중평균유통보통주식수 = 12,000주 + 1,500주 = 13,500주

09

정답 ②

해설
① 주민편의시설은 지방자치단체회계에서 자산으로 구분된다.
④ 순자산은 자산에서 부채를 뺀 금액을 말하며, 기본순자산, 적립금 및 잉여금, 순자산조정으로 구분한다.

■ **국가회계 제7조(재정상태표)** ① 재정상태표는 재정상태일 현재의 자산과 부채의 명세 및 상호관계 등 재정상태를 나타내는 재무제표로서 자산, 부채 및 순자산으로 구성된다.

■ **지방회계 제37조(현금흐름표의 작성기준)** ① 현금흐름표는 회계연도 중의 순현금흐름에 회계연도 초의 현금을 더하여 회계연도 말 현재의 현금을 산출하는 형식으로 표시한다.
② 현금의 유입과 유출은 회계연도 중의 증가나 감소를 상계하지 아니하고 각각 총액으로 적는다. 다만, 거래가 잦아 총 금액이 크고 단기간에 만기가 도래하는 경우에는 순증감액으로 적을 수 있다.
③ 현물출자로 인한 유형자산 등의 취득, 유형자산의 교환 등 현금의 유입과 유출이 없는 거래 중 중요한 거래에 대하여는 주석(註釋)으로 공시한다.

10

정답 ③

해설

	2024(30%)	2025(25%)	2026(20%)
법인세차감전순이익	600,000		
차감할일시적차이	100,000	(100,000)	
가산할일시적차이	(150,000)		150,000
과세소득	550,000		
×세율			
법인세부담액	165,000	(25,000)	30,000

• 회계처리

(차) 법인세비용 170,000 (대) 미지급법인세 165,000
　　 이연법인세자산 25,000 　　 이연법인세부채 30,000

11

정답 ①

해설
2024.1.1(취득 시)
(차) 관계기업주식 1,000,000
(대) 현　　　금 1,000,000
　　*200주 × ₩5,000 = ₩1,000,000
2024.12.31(피투자회사 당기순이익 보고)

(차) 관계기업주식 1,500,000
(대) 지분법이익 1,500,000
　　*₩6,000,000 × 25% = ₩1,500,000

2024.12.31(배당금 수취 시)
(차) 현　　　금 200,000
(대) 관계기업주식 200,000
　　*₩800,000 × 25% = ₩200,000

따라서, 2024.12.31 관계기업주식 잔액 :
₩1,000,000 + 1,500,000 − 200,000 = ₩2,300,000

12

정답 ③

해설
② 유산자산의 종류, 수량 및 관리상태는 필수보충정보로 표시한다.

■ **국가회계기준에 관한 규칙 제54조(필수보충정보)**
① 필수보충정보는 재무제표에는 표시하지 아니하였으나, 재무제표의 내용을 보완하고 이해를 돕기 위하여 필수적으로 제공되어야 하는 정보를 말한다.
② 필수보충정보는 다음 각 호의 정보를 말한다.
1. 유산자산의 종류, 수량 및 관리상태
2. 연금보고서
3. 보험보고서
4. 사회보험보고서
5. 국세징수활동표
6. 총잉여금·재정운영결과조정표
7. 수익·비용 성질별 재정운영표
8. 그 밖에 재무제표에는 반영되지 아니하였으나 중요하다고 판단되는 정보

■ **제55조(주석)** ① 주석은 정보이용자에게 충분한 회계정보를 제공하기 위하여 채택한 중요한 회계정책과 재무제표에 중대한 영향을 미치는 사항을 설명한 것을 말한다.
② 이 규칙에서 규정한 주석 사항 외에 필요한 경우에는 다음 각 호의 사항을 주석으로 표시한다.
1. 중요한 회계처리방법
2. 장기차입부채 상환계획
3. 장기충당부채
4. 외화자산 및 외화부채
5. 우발사항 및 약정사항(지급보증, 파생상품, 담보제공자산 명세를 포함한다)
6. 전기오류수정 및 회계처리방법의 변경
7. 순자산조정명세
8. 제1호부터 제7호까지에서 규정한 사항 외에 재무제표에 중대한 영향을 미치는 사항과 재무제표의 이해를 위하여 필요한 사항
③ 주석의 작성기준과 서식은 기획재정부장관이 정한다.

■ **제56조(부속명세서)** 부속명세서는 재무제표에 표시된 회계과목에

대한 세부 명세를 명시할 필요가 있을 때에 추가적인 정보를 제공하기 위한 것으로서, 부속명세서의 종류, 작성기준 및 서식은 기획재정부장관이 정하는바에 따른다.

- 제23조(순자산의 정의와 구분) ① 순자산은 자산에서 부채를 뺀 금액을 말하며, 기본순자산, 적립금 및 잉여금, 순자산조정으로 구분한다.
② 기본순자산은 순자산에서 적립금 및 잉여금과 순자산조정을 뺀 금액으로 표시한다.
③ 적립금 및 잉여금은 임의적립금, 전기이월결손금·잉여금, 재정운영결과 등을 표시한다.
④ 순자산조정은 투자증권평가손익, 파생상품평가손익 및 기타 순자산의 증감 등을 표시한다.

13
정답 ④

해설
소모품 취득 시 자산으로 기록하였다면 결산기말까지 사용한 부분만큼 비용으로 처리한다.

14
정답 ②

해설
정액법보다 정률법이 초기 감가상각비가 많기 때문에 당기순이익이 증가한다.
재고자산 평가방법변경은 회계정책변경으로 이익잉여금에서 직접 조정한다. 또한 단가 상승시 기말재고증가하면 매출원가 감소해서 당기순이익은 증가한다.
유형자산의 내용연수 감소는 감가상각비가 증가하므로 당기순이익이 감소한다.

15
정답 ①

해설
영업권 = 합병대가 - 순자산 공정가액
합병대가 = 50주 × 9,000 = 450,000
순자산공정가액 = 450,000 - 50,000 = 400,000
영업권 = 450,000 - 400,000 = 50,000

16
정답 ④

해설

- 고정제조간접비 총차이 = 실제원가 - 표준원가(SQ×SP)
- 예산차이(소비차이) = 실제발생액 - 고정제조간접비예산
- 조업도차이 = (BQ - SQ) × SP*
* SP = 고정제조간접비예산 / BQ

실제발생액	예산(고정예산)BQ*1 × SP*2	표준 배부액SQ*3 × SP
900,000	1,000,000=10,000×100	2,300×5×100

예산차이 100,000 유리   조업도차이 150,000 유리

*1 BQ(Based quantity) : 기준조업도
*2 SP(standard price) : 고정제조간접비 표준배부율
*3 SQ(standard quantity) : 실제생산량에 허용된 표준조업도

17
정답 ④

해설
① 세후이익은 ₩250이다.
② 손익분기점 매출액은 ₩5,000이다.
③ 안전한계는 ₩5,000이다.

구분	㈜ 한국
매출액	₩10,000
변동비	9,000
공헌이익	1,000
고정비	500
영업이익	₩500

영업레버리지도(degree of Operating leverage : DOL)는 매출액 변화율에 대한 영업이익 변화율의 비율이며 공헌이익을 영업이익으로 나눈 값이므로 2가 된다.

$$\text{영업레버리지(DOL)} = \frac{\text{영업이익 변화율}}{\text{매출액 변화율}} = \frac{\text{공헌이익}}{\text{영업이익}}$$

18
정답 ③

해설
주식선택권의 공정가치가 매기말 달라지지만 주식선택권 부여일의 공정가치를 사용해야 한다.
80 × 10개 × 12 = 9,600이 3년 전체의 주식기준보상액이 되므로 20×2년도 주식보상비용은 3,200이 된다.

19
정답 ④

해설
② 중간기간 중에 회계추정의 변경이 있을 때는 당해연도의 이전 중간재무제표를 소급하여 재작성하지 않는다.
③ 계절적・주기적 또는 일시적으로 발생하는 수익이라 할지라도 다른 중간기간 중에 미리 인식하거나 이연하지 않는다. 예를 들면 배당수익, 로열티수익 또는 소매업의 계절적 수익 등은 전액 발생한 중간기간의 수익으로 인식한다.

■ 기업회계기준서 제1034호
  중간재무보고

④ 연차재무보고서 및 중간재무보고서가 한국채택국제회계기준에 따라 작성되었는지는 개별적으로 평가한다. 중간재무보고를 하지 않았거나 이 기준서를 준수하지 아니한 중간재무보고를 하였더라도 연차재무제표는 한국채택국제회계기준에 따라 작성될 수 있다.

■ 연차기준과 동일한 회계정책
① 중간재무제표는 연차재무제표에 적용하는 회계정책과 동일한 회계정책을 적용하여 작성한다. 다만 직전 연차보고기간말 후에 회계정책을 변경하여 그 후의 연차재무제표에 반영하는 경우에는 변경된 회계정책을 적용한다. 그러나 연차재무제표의 결과가 보고빈도(연차보고, 반기보고, 분기보고)에 따라 달라지지 않아야 한다. 이러한 목적을 달성하기 위하여 중간재무보고를 위한 측정은 당해 회계연도 누적기간을 기준으로 하여야 한다.
중간재무제표에 대하여 연차재무제표에서와 동일한 회계정책을 적용한다는 것은 개별 중간기간을 독립적 보고기간으로 간주하여 중간기간에 대해 측정하라는 뜻으로 여겨질 수도 있다. 그러나 문단 28에서 재무보고의 작성빈도가 연차재무제표의 결과에 영향을 미치지 않아야 한다는 점을 지적하여 중간기간은 회계연도의 부분이라는 사실을 인정하고 있다. 당해 회계연도 누적기간의 측정은 당해 회계연도의 이전 중간기간에 보고된 추정금액에 대한 변경을 수반할 수 있다. 그러나 중간기간에 자산, 부채, 수익 및 비용을 인식하는 원칙은 연차재무제표에서의 원칙과 동일하다.

예를 들면 다음과 같다.
(1) 중간기간에 재고자산의 감액, 구조조정 및 자산손상을 인식하고 측정하는 원칙은 연차재무제표만을 작성할 때 따르는 원칙과 동일하다. 그러나 이러한 항목들이 특정 중간기간에 인식되고 측정되었으나 그 추정치가 당해 회계연도의 후속 중간기간에 변경되는 경우에는 당해 후속 중간기간에 추가로 손실금액을 인식하거나 이전에 인식한 손실을 환입함으로써 당초 추정치가 변경된다.
(2) 중간보고기간말 현재 자산의 정의를 충족하지 못하는 원가는 그 후에 이러한 정의를 충족할 가능성이 있다는 이유로 또는 중간기간의 이익을 유연화하기 위하여 자산으로 계상할 수 없다.
(3) 법인세비용은 각 중간기간에 전체 회계연도에 대해서 예상되는 최선의 가중평균연간법인세율의 추정에 기초하여 인식한다. 연간 법인세율에 대한 추정을 변경하는 경우에는 이미 한 중간기간에 인식한 법인세비용을 이후 중간기간에 조정하여야 할 수도 있다.

20
정답 ②

해설

원재료(1분기)			(단위 : g)
기초	30,000**	사용	100,000*
구입	106,000	기말	36,000***
	136,000		136,000

*25,000단위 × 4g = 100,000g
**100,000g × 30% = 30,000g
***30,000단위 × 4g × 30% = 36,000g

세법 전공강화 동형 모의고사 6회

01
정답 ②

해설
신청 및 승인에 의해 법인으로 보는 법인 아닌 단체는 그 신청에 대하여 관할 세무서장의 승인을 받은 날이 속하는 과세기간과 그 과세기간이 끝난 날부터 3년이 되는 날이 속하는 과세기간까지는 「소득세법」에 따른 거주자 또는 비거주자로 변경할 수 없다. 다만, 법정요건을 갖추지 못하게 되어 승인 취소를 받는 경우에는 그러하지 아니하다.

02
정답 ③

해설
신고납부세목에 해당하는 국세의 수정신고(과세표준신고서를 법정신고기한까지 제출한 자의 수정신고로 한정함)는 당초의 신고에 따라 확정된 과세표준과 세액을 증액하여 확정하는 효력을 가진다. 기한후과세표준신고서를 제출한 자는 수정신고는 할 수 있으나 기한후과세표준신고서에 대한 수정신고는 확정의 효력은 없다.

03
정답 ③

해설
공유물(共有物), 공동사업 또는 그 공동사업에 속하는 재산과 관계되는 국세 및 강제징수비는 공유자 또는 공동사업자가 연대하여 납부할 의무를 진다. 단, 개별세법에 특례가 있는 경우 개별세법을 적용하여야 하는데, 공동사업에 대한 사업소득에 대한 소득세는 소득세법상 각 공동사업자가 납세의무를 각각 지므로 연대납세의무가 없다. (공동사업 합산과세 특례 제외) 그러나 부가가치세는 별도의 규정이 없으므로 국세기본법 규정을 적용한다.
따라서 공동사업자에 관계되는 부가가치세 및 강제징수비에 대하여 각 공동사업자는 연대하여 납부할 의무를 지고, 공동사업 관련 소득세에 대해서는 연대납세의무를 지지 않는다.

04
정답 ①

해설
① 이의신청을 받은 세무서장 또는 지방국세청장은 이의신청을 받은 날부터 30일 이내에 이의신청에 대한 결정을 하여야 한다. 다만, 이의신청인이 송부받은 의견서에 대하여 결정기간 내에 항변하는 경우에는 이의신청을 받은 날부터 60일 이내에 하여야 한다.

② 심사청구는 대통령령으로 정하는 바에 따라 불복의 사유를 갖추어 해당 처분을 하였거나 하였어야 할 세무서장을 거쳐 국세청장에게 하여야 한다.

③ 국세청장은 심사청구의 내용이나 절차가 「국세기본법」 또는 세법에 적합하지 아니하나 보정(補正)할 수 있다고 인정되면 20일 이내의 기간을 정하여 보정할 것을 요구할 수 있다. 다만, 보정할 사항이 경미한 경우에는 직권으로 보정할 수 있다.

④ 심사청구에 대한 재조사 결정이 내려진 후 처분청이 재조사한 결과 심사청구인의 주장과 재조사 과정에서 확인한 사실관계가 다른 경우 등 대통령령으로 정하는 경우에는 해당 심사청구의 대상이 된 당초의 처분을 취소·경정하지 아니할 수 있다. 따라서 처분청이 반드시 당초 처분을 취소·경정하거나 필요한 처분을 반드시 하여야 하는 것은 아니다.

05
정답 ①

해설
「인지세법」 제8조제1항에 따른 인지세의 납부를 하지 아니하거나 과소납부한 경우에는 납부하지 아니한 세액 또는 과소납부분 세액의 100분의 300에 상당하는 금액을 가산세로 한다. 다만, 다음 중 어느 하나에 해당하는 경우(과세표준과 세액을 경정할 것을 미리 알고 납부하는 경우는 제외)에는 다음과 같이 가산세를 적용한다.

㉠ 「인지세법」에 따른 법정납부기한이 지난 후 3개월 이내에 납부한 경우 : 납부하지 아니한 세액 또는 과소납부분 세액의 100분의 100
㉡ 「인지세법」에 따른 법정납부기한이 지난 후 3개월 초과 6개월 이내에 납부한 경우 : 납부하지 아니한 세액 또는 과소납부분 세액의 100분의 200

참고 기간후신고시 무신고가산세 감면율

구분	감면율
① 법정신고기한이 지난 후 1개월 이내에 기한후신고를 한 경우	50%
② 법정신고기한이 지난 후 1개월 초과 3개월 이내에 기한 후 신고를 한 경우	30%
③ 법정신고기한이 지난 후 3개월 초과 6개월 이내에 기한 후 신고를 한 경우	20%

06
정답 ③

해설
청산 중에 있는 내국법인의 잔여재산의 가액이 사업연도 중에 확정된 경우에는 그 사업연도 개시일부터 잔여재산가액 확정일까지의 기간을 1사업연도로 본다.

07
정답 ②

해설
내국법인이 해산(합병이나 분할에 의한 해산은 제외)한 경우 그 청산소득의 금액은 그 법인의 해산에 의한 잔여재산의 가액에서 해산등기일 현재의 자본금 또는 출자금과 잉여금의 합계액을 공제한 금액으로 한다.

08
정답 ③

해설

배당지급 법인	지분비율	수입배당금액	비고	익금불 산입률	익금불산입액
㈜A	40%	3,000,000원	비상장내국법인	80%	2,400,000원
㈜B	10%	5,000,000원	상장내국법인	30%	1,500,000원
㈜C	90%	4,000,000원	비상장내국법인	100%	4,000,000원
				합계	7,900,000원

참고 내국법인 수입배당금액의 익금불산입(2023년 개정)

내국법인(고유목적사업준비금을 손금에 산입하는 비영리내국법인은 제외)이 해당 법인이 출자한 다른 내국법인(="피출자법인")으로부터 받은 이익의 배당금 또는 잉여금의 분배금과 의제배당 중 수입배당금에 익금불산입률을 곱한 금액에서 차입금 이자 중 일정 금액을 뺀 금액은 각 사업연도의 소득금액을 계산할 때 익금에 산입하지 아니한다. 이 경우 그 금액이 0보다 작은 경우에는 없는 것으로 본다.

내국법인의 익금불산입률은 다음과 같다.(피출자법인의 주권상장 여부에 관계없음)

피출자법인에 대한 출자비율	익금불산입률
50퍼센트 이상	100퍼센트
20퍼센트 이상 50퍼센트 미만	80퍼센트
20퍼센트 미만	30퍼센트

09
정답 ②

해설
징벌적 목적의 손해배상금에 대한 손금불산입 규정 적용 시 실제 발생한 손해액이 분명하지 아니한 경우에는 내국법인이 지급한 손해배상금에 3분의 2를 곱한 금액을 손금불산입 대상 손해배상금으로 한다.

10
정답 ④

해설
① 원천징수하는 자가 법인인 경우 원천징수하는 소득세의 납세지는 그 법인의 본점 또는 주사무소의 소재지로 한다.(그 법인의 지점 등이 독립채산제에 따라 독자적으로 회계 사무를 처리하는 경우에는 지급하는 각 지점으로 하되, 독립채산제를 적용하는 경우라 하더라도 본점일괄납부를 신청하였거나 「부가가치세법」상 사업자단위과세사업자인 경우에는 본점을 납세지로 한다.)
② 비거주자의 소득세 납세지는 국내사업장 소재지로 한다. 다만, 국내사업장이 둘 이상 있는 경우에는 주된 국내사업장의 소재지로 하고, 국내사업장이 없는 경우에는 국내원천소득이 발생하는 장소로 한다.
③ 과세기간의 중도에 취업 또는 퇴직하거나 사업을 개시 또는 폐업함으로써 소득이 발생한 기간이 1년에 미달하더라도 과세기간은 여전히 1월 1일부터 12월 31일까지이다. 다만, 사망 또는 출국의 경우에는 예외로 한다. 이 경우에는 1월 1일부터 사망 또는 출국한 날까지가 1과세기간이 된다.

11
정답 ③

해설
공동으로 소유한 자산에 대한 양도소득금액을 계산하는 경우에는 해당 자산을 공동으로 소유하는 각 거주자가 납세의무를 진다.(연대납세의무 아님)

12
정답 ①

해설
자산을 저가양도 하였어도 시가와 거래가액의 차이가 3억 원 미만이고 시가의 5% 미만인 경우에는 조세의 부담이 감소되는 것이 아니므로 부당행위계산 부인 적용 대상이 아니다. 따라서 ①에 대해서는 부당행위계산 부인 규정을 적용하지 않는다.
「소득세법」상 부당행위계산 부인 유형은 다음과 같다.

① 특수관계인으로부터 시가보다 높은 가액으로 자산을 매입하거나 특수관계인에게 시가보다 낮은 가액으로 자산을 양도한 때
② 특수관계인에게 금전 기타 자산 또는 용역을 무상 또는 낮은 이율등으로 대부하거나 제공한 때. 다만, 직계존비속에게 주택을 무상으로 사용하게 하고 직계존비속이 해당 주택에 실제 거주하는 경우는 부당행위계산의 부인대상에서 제외하고, 그 주택의 필요경비는 가사관련경비로 본다.
③ 특수관계인으로부터 금전 기타 자산 또는 용역을 높은 이율 등으로 차용하거나 제공받는 때
④ 특수관계인으로부터 무수익자산을 매입하여 그 자산에 대한 비용을 부담하는 때
⑤ 기타 특수관계인과의 거래로 인하여 해당 과세기간의 총수입금액 또는 필요경비의 계산에 있어서 조세의 부담을 부당하게 감소시킨 것으로 인정되는 때
다만, ①, ②, ③ 및 ⑤(①부터 ③까지에 준하는 행위에 한한다)는 시가와 거래가액의 차액이 3억원 이상이거나 시가의 5% 이상인 경우에 한한다.

> **참고**
> 실제 필요경비를 인정하는 것은 사업소득, 기타소득, 양도소득이다. 따라서 사업소득, 기타소득, 양도소득에서 조세부담의 부당한 감소가 나타날 수 있으므로 사업소득, 기타소득, 양도소득이 부당행위계산 부인 적용 대상이다. 또한 출자공동사업자의 소득금액을 계산할 때에도 공동사업자의 소득금액 계산 단계에서 사업소득과 마찬가지로 실제 필요경비를 인정하므로 출자공동사업자의 손익분배금도 부당행위계산 부인 적용 대상이 된다.

13

정답 ②

해설
「신탁법」제10조에 따라 위탁자의 지위가 이전되는 경우에는 기존 위탁자가 새로운 위탁자에게 신탁재산을 공급한 것으로 보고 이 경우에는 기존 위탁자가 해당 공급에 대한 부가가치세의 납세의무자가 된다.

14

정답 ④

해설
견본품은 재화의 공급으로 의제되지 않으므로 부가가치세 과세 대상이 아니다.
①의 경우 경조사와 관련된 재화, 설날·추석, 창립기념일 및 생일 등과 관련된 재화를 각각 사용인 1명당 연간 10만 원을 한도로 재화의 공급으로 보지 아니하며, 10만 원을 초과하는 경우 해당 초과액에 대해서는 재화의 공급으로 본다. 따라서 15만 원어치 재화를 제공하는 경우에는 5만 원을 공급한 것으로 본다.

15

정답 ④

해설

구분	금액	
(1) 제품 판매	₩2,000,000	
(2) 트럭 실제 매각액	10,000,000	
(3) 제품 수출	48,500,000	$30,000×₩950/1$ + $20,000×₩1,000/1$
(4) 제품 외상판매	15,000,000	
(5) 직매장 반출	6,000,000	
(6) 대가를 받지 않는 견본품	–	공급이 아니므로 과세표준 없음
합 계	₩81,500,000	

16

정답 ③

해설
도매업(소매업을 겸영하는 경우를 포함하되, 재생용 재료수집 및 판매업은 제외) 및 상품중개업은 간이과세 적용을 받을 수 없다. 따라서 도매업와 소매업을 겸영하는 경우에는 간이과세 적용 대상에서 제외되고, 재생용 재료수입 판매업을 하는 경우에는 간이과세 적용이 가능하다. 부동산매매업과 도매업은 공급가액에 관계없이 간이과세 적용이 되지 않는다.

> **참고** 〈간이과세 배제 업종〉「부가가치세법」시행령 제109조 제2항
> 1. 광업
> 2. 제조업. 다만, 주로 최종소비자에게 직접 재화를 공급하는 사업으로서 기획재정부령으로 정하는 것은 제외한다.
> 3. 도매업(소매업을 겸영하는 경우를 포함하되, 재생용 재료수집 및 판매업은 제외한다)
> 4. 부동산매매업
> 5. 개별소비세법 제1조제4항에 해당하는 과세유흥장소를 경영하는 사업으로서 기획재정부령으로 정하는 것
> 6. 부동산임대업으로서 기획재정부령으로 정하는 것
> 7. 변호사업, 심판변론인업, 변리사업, 법무사업, 공인회계사업, 세무사업, 경영지도사업, 기술지도사업, 감정평가사업, 손해사정인업, 통관업, 기술사업, 건축사업, 도선사업, 측량사업, 공인노무사업, 의사업, 한의사업, 약사업, 한약사업, 수의사업과 그 밖에 이와 유사한 사업서비스업으로서 기획재정부령으로 정하는 것
> 8. 제23조에 따라 일반과세자로부터 양수한 사업. 다만, 제1호부터 제7호까지와 제9호부터 제11호까지에 해당하지 아니하는 경우로서 사업을 양수한 이후 법 제61조제1항 본문에 따른 공급대가의 합계액이 제1항에 따른 금액에 미달하는 경우는 제외한다.
> 9. 사업장의 소재 지역과 사업의 종류·규모 등을 고려하여 국세청장이 정하는 기준에 해당하는 것

10. 「소득세법」 시행령 제208조제5항에 해당하지 아니하는 개인사업자(이하 이 호에서 "전전년도 기준 복식부기의무자"라 한다)가 경영하는 사업. 이 경우 「소득세법」 시행령 제208조제5항을 적용할 때 같은 항 제1호 중 "해당 과세기간"은 "해당 과세기간 또는 직전 과세기간"으로, 같은 항 제2호 각 목 외의 부분 중 "직전 과세기간"은 "전전 과세기간"으로 보며, 결정·경정 또는 수정신고로 인하여 수입금액의 합계액이 증가함으로써 전전년도 기준 복식부기의무자에 해당하게 되는 경우에는 그 결정·경정 또는 수정신고한 날이 속하는 과세기간까지는 전전년도 기준 복식부기의무자로 보지 아니한다.
11. 둘 이상의 사업장이 있는 사업자가 경영하는 사업으로서 그 둘 이상의 사업장의 공급대가의 합계액이 제1항의 금액 이상인 경우

17

정답 ①

해설

금전이나 유가증권을 납세담보로 제공하려는 자는 이를 공탁(供託)하고 그 공탁수령증을 관할 세무서장(「국세징수법」 및 다른 세법에 따라 국세에 관한 사무를 세관장이 관장하는 경우에는 세관장을 말한다.)에게 제출하여야 한다. 다만, 등록된 유가증권의 경우에는 담보 제공의 뜻을 등록하고 그 등록확인증을 제출하여야 한다.

18

정답 ①

해설

국세징수법 집행기준 30-0-1
① 세무공무원은 강제징수를 집행할 때 체납자가 국세의 징수를 면탈하려고 재산권을 목적으로 한 법률행위(「신탁법」에 따른 사해신탁을 포함한다)를 한 경우에는 「민법」 제406조·제407조 및 「신탁법」 제8조를 준용하여 사해행위의 취소를 법원에 청구할 수 있다.
② 제1항에 의한 <u>사해행위의 취소를 요구할 수 있는 경우는 압류를 면하고자 양도한 재산 이외에 다른 자력이 없어 국세를 완납할 수 없는 경우로 한다.</u>
③ 제2차 납세의무자, 보증인 등으로부터 국세의 전액을 징수할 수 있는 경우에는 납세의무자를 무자력으로 인정하지 아니한다.

19

정답 ①

해설

상속세 과세표준이 50만 원 미만이면 상속세를 부과하지 아니한다.

20

정답 ③

해설

공시송달 사유는 ㉠㉢㉣ 이다.(3개)

㉡ 세무공무원이 2회 이상 납세자를 방문[처음 방문한 날과 마지막 방문한 날 사이의 기간이 3일(기간을 계산할 때 공휴일 및 토요일은 산입하지 않는다) 이상이어야 한다]해 서류를 교부하려고 하였으나 수취인이 부재중인 것으로 확인되어 납부기한까지 송달이 곤란하다고 인정되는 경우에 공시송달이 가능하다. 5월 3일이 금요일이므로 5월 4일 토요일과 5월 5일 일요일은 날짜 계산에서 제외하여야 하므로 5월 6일 월요일에 방문한 것은 '처음 방문한 날과 3일 이상 차이'가 나는 경우에 해당하지 않으므로 공시송달 사유에 해당되지 않는다.

㉤ 송달받아야 할 사람이 교정시설 또는 국가경찰관서의 유치장에 체포·구속 또는 유치(留置)된 사실이 확인된 경우에는 해당 교정시설의 장 또는 국가경찰관서의 장에게 송달한다.